T0273960

Cómo ser un padre feminista

Cómo ser un padre feminista

Una guía para detectar actitudes problemáticas sobre género, sexo y poder

Jordan Shapiro

Traducción de Xavier Gaillard

Título original: *Father Figure. How To Be a Feminist Dad*,
originalmente publicado en inglés por Little, Brown and Company,
en 2021, en Estados Unidos

Primera edición en esta colección: septiembre de 2022

Plataforma Editorial
c/ Muntaner, 269, entlo. 1.ª – 08021 Barcelona
Tel.: (+34) 93 494 79 99
www.plataformaeditorial.com
info@plataformaeditorial.com

Depósito legal: B 16466-2022
ISBN: 978-84-19271-28-0
IBIC: JN

Printed in Spain – Impreso en España

Diseño de cubierta y fotocomposición:
Grafime Digital S.L.

El papel que se ha utilizado para imprimir este libro proviene
de explotaciones forestales controladas, donde se respetan
los valores ecológicos, sociales y el desarrollo sostenible del bosque.

Impresión:
Sagrafic

Dedicado a Angie Murimirwa, Lydia Wilbard,
Lucy Lake y todos los miembros de la Asociación CAMFED;
me enseñasteis que creer que el poder restituidor
del liderazgo participativo y emergente
no es algo en absoluto idealista o ingenuo.

Índice

Estaba en lo cierto, por supuesto, pero se unió a todos los hombres blancos *woke* que situaban su privilegio fuera de ellos mismos, como diciendo, «sé que no debería ignorar o ponerme a la defensiva en lo referente a mi estatus en nuestro mundo». Da igual que la capacidad de situarse fuera del patrón de la dominación de los hombres blancos sea el privilegio. El reino, el poder y la gloria no pueden rebasarse.

CLAUDIA RANKINE

Introducción
El dilema del padre

LUNES, 7 DE ENERO, 2019, 7:35 A.M.: Abrí los ojos en una habitación de hotel en Nashville. Me sentía cansado, la noche anterior hubo demasiado pollo picante y música *country*. Quería volver a dormir, pero mi teléfono no dejaba de vibrar sobre la mesilla de noche. Llegaban mensajes de texto de mi madre: «Me alegró ver que tu libro aparecía en el *Wall Street Journal*. Pero no me gustó la reseña. Me pareció ruin». Leí en voz alta las palabras de mamá a mi pareja, Amanda, que estaba estirada en el otro lado de la cama, revisando las notificaciones matutinas de su teléfono. Su hermana le había enviado un mensaje parecido sobre el mismo artículo.

Mi libro *The New Childhood: Raising Kids to Thrive in a Connected World* (*La nueva infancia: criar a los niños para que prosperen en un mundo conectado*) había salido a la venta la semana anterior, y había venido a Nashville para promocionarlo. Decidimos pasar aquí el fin de semana entero junto a unos amigos de Dinamarca que querían visitar la capital de la música americana antes de que se les caducaran las visas de trabajo. Teníamos planeado encontrarnos con los daneses dentro de un par de horas para comer panecillos, pollo frito y salsa de carne en Monell's –sin duda el mejor desayuno de todo el país–, ¡pero lo más urgente era hacerme con una copia de ese periódico!

Amanda y yo nos vestimos rápidamente y bajamos al vestíbulo en el ascensor. El hotel Noelle es un ejemplo paradigmático de arquitectura *art déco* de los años treinta, con techos muy altos, ventanas arqueadas, elementos de latón pulido y paredes de mármol de Tennessee color rosa brillante. Se halla muy cerca de Printer's Alley, un barrio histórico que antaño albergó dos periódicos, diez imprentas y trece editoriales –el lugar idóneo donde hospedarse si eres un escritor *friki* interesado por la historia–. Encontramos un ejemplar del *Wall Street Journal* cerca de la máquina de expreso, en el mostrador de café hípster, y me senté en uno de los enormes sofás azules a leerlo.

Al principio me emocioné cuando encontramos la página de críticas y vi la portada de mi libro reproducida a todo color en la esquina superior izquierda. Es justo el tipo de posicionamiento que ansían todos los autores. Pero luego leí la crítica. La primera frase decía lo siguiente: «Cuando Jordan Shapiro se separó de su mujer hace un tiempo, sus hijos tenían 4 y 6 años». La autora empezaba hablando de mi divorcio, y en los siguientes párrafos hacía todo lo posible para retratarme como un padre progre, haragán y en exceso permisivo. Ponía por los suelos mi alegato a favor de los videojuegos como una gran forma de pasar tiempo en familia ante la pantalla, escribía: «Él no tiene ningún problema en consentir a sus hijos, aunque su madre, por lo visto, sí lo tiene». Que conste que ni mis hijos ni mi exmujer saben de dónde sacó esta periodista la idea de que hay algún tipo de tensión en la crianza compartida de nuestros hijos. No la hay, pero esa no es la cuestión. El meollo del asunto es la insinuación de que un padre divorciado tampoco puede tener mucha idea de cómo criar a los hijos. Mi doctorado en psicología profunda, así como mis credenciales como experto reconocido en el ámbito del desarrollo y la educación infantil, le parecieron completamente irrelevantes a esta escritora. Por el solo hecho de que, según su opinión, un buen padre debería ser el cabeza de una familia heterosexual tradicional.

No soy Ward Cleaver (*Leave it to Beaver*), Phil Dunphy (*Modern Family*) o Howard Cunningham (*Días felices*). Ni siquiera soy Mike Brady (*La tribu de los Brady*). Soy un padre soltero que comparte la custodia de sus hijos. Por lo visto, mucha gente cree que vivo una existencia alocada de *playboy* en un piso tapizado de terciopelo en el que suena música *lounge* por unos altavoces de alta fidelidad, y donde los niños no tienen ningún tipo de límites. Mientras viajaba por Estados Unidos para promocionar mi libro sobre crianza, constaté que mucha gente llegaba inmediatamente a la conclusión de que, como estoy divorciado, es imposible que pueda saber qué es lo que les conviene a mis hijos. Este prejuicio me dolió especialmente. Me había pasado años escribiendo artículos, columnas y un libro repleto de historias personales sobre mi experiencia como padre. La paternidad era una parte importante de mi identidad. La relación que mantenía con mis hijos no solo determinaba mi carrera, sino que también daba forma a mi concepto de autoestima. Me veía, antes que nada, como una figura paterna. Nunca se me había pasado por la cabeza que el hecho de estar divorciado pudiera *a priori* impedirme encajar en la concepción cultural predominante de lo que significa ser un buen padre.

Si bien a lo largo del año siguiente el libro fue en general muy bien recibido, el estigma del padre divorciado me siguió acompañando. Empecé a verlo por todos lados: en varios puntos de la cultura pop, y en ambos bandos del espectro político. Por ejemplo, en abril de 2019 Michelle Obama dijo en un discurso en Londres: «A veces pasas el fin de semana con el padre divorciado y te lo pasas la mar de bien, pero luego te pones enferma», la exprimera dama criticaba a Donald Trump. «Eso es lo que estamos atravesando en Estados Unidos. Es como si estuviéramos viviendo con el padre divorciado». Me chocó que menospreciara sin ningún pudor a los millones de padres divorciados que están intentando hacer lo mejor para sus hijos.

Según el Pew Research Center, «la proporción de progenitores solteros que son padres ha aumentado más del doble en los últimos cincuenta años. Ahora, un 29 % de todos los progenitores solteros que viven con sus hijos o hijas son padres, en comparación al 12 % de 1968». Y los estudios sobre si el género de los progenitores solteros tiene algún efecto en los hijos o hijas siguen sin llegar a conclusiones claras, quizás porque no es nada fácil determinar criterios exhaustivos. Por ejemplo, en referencia al rendimiento académico, los hijos de padres solteros suelen sacar mejores notas y tienen un porcentaje más elevado de graduación escolar, mientras que las madres solteras insisten más en preservar rutinas supuestamente tradicionales, como la cena en familia. Un conjunto de hallazgos no tiene por qué ser mejor que el otro. Lo que los investigadores sí pueden afirmar es que probablemente los niños prosperarán en hogares con progenitores cariñosos, comprensivos y entregados –ya sean solteros o no, ya sean hombres, mujeres o de género no binario–. No hay pruebas que demuestren que los hogares disfuncionales encabezados por una mujer sean mejores que los encabezados por un hombre, ni que la identidad de género o el estado civil tengan correlación alguna con la disfuncionalidad. Sin embargo, los estigmas persisten, porque los estadounidenses se toman muy en serio sus «valores familiares». Según la historiadora Stephanie Coontz, Teddy Roosevelt fue el primer presidente que advirtió a los ciudadanos estadounidenses de que «el futuro de la nación yace en "la vida doméstica más adecuada"». Prácticamente un siglo después, Ronald Reagan sumó su voz a muchas otras afirmando que «las familias sólidas forman la base de la sociedad».[1] Pero ¿cuál es la vida doméstica más adecuada? ¿Qué es una familia sólida? No lo sabemos.

Como explicaré en este libro, la familia nuclear, tal como solemos imaginárnosla adjudicando expectativas de género concretas a las madres y los padres, no es ni esencial ni tradicional. Simplemente es un producto de la era industrial.

Hoy en día las normas laborales, económicas y de género prevalecientes están en proceso de transición, y, sin embargo, la mayoría de nuestros supuestos sobre los valores familiares –que fueron establecidos para fomentar una perspectiva sobre el mundo de una época pretérita– siguen siendo los mismos. Nos hemos emperrado en actualizar nuestra concepción de la vida familiar pese a que sabemos que es poco realista esperar tantos cambios en nuestro mundo sin alterar el resto de ámbitos. La familia cambiará. Es inevitable. De hecho, ya está cambiando, pero la mayoría de padres y madres no tienen las herramientas para enfrentarlo. Están anclados a creencias vetustas que ya no ayudan a proporcionar una base adecuada sobre la que erigir narrativas de identidad significativas. Lo más probable es que a los niños no les pase nada, pero a sus padres y madres les espera un buen bofetón de realidad.

Este libro está pensado específicamente para los padres, y trata sobre la paternidad. Analiza cómo supuestos e imágenes populares entorno a las figuras paternas se entrelazan con actitudes problemáticas vinculadas al género, el sexo, el poder, la agresión, la heteronormatividad y la autoridad. Existen concepciones negativas sobre las figuras paternas que siguen profundamente incrustadas en el imaginario sobre el desarrollo infantil, la adultez y el éxito profesional que no rebatimos. Incluso configuran nuestra percepción básica de la psicología individual. Quizás estas ideas fueron útiles en otro momento de la historia, pero en el mundo actual hacen más daño que bien, así que en las siguientes páginas identificaré algunas de estas narrativas problemáticas sobre la paternidad. También ofreceré imágenes de un nuevo tipo de figura paterna que podrían servir de inspiración –una figura menos dominante, menos paternal, y no necesariamente masculina.

Este libro también podría considerarse un botiquín de primeros auxilios para aquellos padres que tengan la sensación de que han quedado tocados cuando intentaban reconciliar sus expectativas sobre la paternidad y sus identidades como hombres adultos con una cultura que está despojándose activamente de sus antiguas tendencias patriarcales. A día de hoy hay muchos hombres que se quedan paralizados al tener que digerir mensajes opuestos. Adoptar plenamente el feminismo parece traicionar la narrativa tradicional del buen padre. Adoptar plenamente la historia prevaleciente del buen padre indudablemente traiciona el feminismo. Algunos de los que dedican de manera admirable sus esfuerzos a negociar estas tensiones, a menudo, no se dan cuenta de cómo su adherencia inconsciente a las narrativas patriarcales robustece la desigualdad sistémica. Sufren un latigazo cervical cuando van con las mejores intenciones pero el tiro les sale por la culata, así que enseñaré a los padres cómo pueden encajar mejor en la escala actual de valores culturales. Los padres pueden interpretar el papel de cuidador de sus hijos o hijas de un modo distinto, y pueden ampararse en otro tipo de narrativa de identidad parental, adquiriendo una conciencia de sí mismos mucho más sólida. Pueden ser padres feministas.

¿Qué es un padre feminista? Primero debemos definir el feminismo. Mi definición preferida es con la que bell hooks –célebre autora, teórica, profesora y activista social– empezó su libro *El feminismo es para todo el mundo*: «En pocas palabras, el feminismo es un movimiento para poner fin al sexismo, la explotación sexista y la opresión».[2] Me gusta lo muy directa que es esta explicación, no es para nada complicada, terrorífica o inhospitalaria. Tampoco plantea una guerra entre hombres y mujeres. El feminismo empieza con una crítica vigorosa de esa jerarquía radicada en el género que le adjudica un lugar privilegiado al hombre, que facilita la dominación y la violencia, y que fomenta la misoginia y la homofobia. Sin embargo, la definición de hooks es lo suficientemente abierta como para que podamos reconocer que el patriarcado también puede perjudicar a los hombres. Los desposee de ciertos derechos, pone a prueba su autoestima y los presiona para que adopten narrativas de identidad sexistas. La autora Chimamanda Ngozi Adichie lo explicó bien: «La masculinidad es una jaula pequeña y dura y metemos a los niños dentro de ella».[3] Las mujeres no son las únicas víctimas del sexismo, y los hombres no son sus únicos agentes. El patriarcado es un problema para todo el mundo, da igual que estés subyugado a él o te beneficies de él.

La obra de bell hooks fue mi primera introducción al pensamiento feminista serio. Después de ver durante muchos años a hombres que se ponían a la defensiva ante la mera mención de la «la palabra que comienza por la f-», hooks me ofreció una vía de entrada al feminismo. Me enseñó a ser responsable de mis acciones sin por ello tener que sentirme como un supervillano. Cuando empecé a escribir este libro, cogí de la estantería mi copia manoseada y muy subrayada de *Teoría feminista: de los márgenes al centro*, y lo releí. Sobresalió inmediatamente una frase en concreto: «El feminismo no es ni un modo de vida, ni una identidad prefabricada, ni un papel listo para ser interpretado».[4] Lo escribí en un pósit y lo pegué en la parte de arriba del monitor de mi ordenador. Como hombre cisgénero[5] que se disponía a escribir un libro sobre feminismo, era consciente de que nunca debería caer en una especie de postureo ético –es decir, ponerme un disfraz feminista para cosechar aplausos de manos progresistas. (Apunte: *cis-* es un prefijo latino que significa «de este lado», a diferencia de *trans-*, que significa «a través». La identidad de un individuo cisgénero se corresponde con el sexo que le fue asignado al nacer.) Ese comentario de hooks me recordó que, por mucho que estuviera explorando la identidad de la paternidad, ser un *padre feminista* no es algo que debiera quedar reducido a un papel bidimensional interpretado únicamente por personas que se identifican como hombres. Puedes verte como una figura paterna en el momento en que te conviertes en el responsable de un niño, desde luego, pero ser un padre feminista siempre será una práctica iterativa, un proceso sin fin. A pesar del título de este libro, no es algo que puedas *ser*; es algo que puedes hacer. No tiene tanto que ver con *ser*, sino con *convertirse*. Siempre podrás ir un paso más allá: siempre habrá más estereotipos que puedas cuestionar, inequidades adicionales en las que puedas centrarte. Quizás empieces a rehuir la división típica de las labores domésticas. ¿Quién hace la comida? ¿Quién se encarga de la barbacoa?[6] Quizás tengas cuidado de no comprar productos que exprimen el sexismo haciendo publicidad con eslóganes tipo «Las madres exigentes prefieren Jif», como si los padres no tuvieran ni la más remota idea de nutrición y sándwiches de crema de cacahuete.[7] Quizás evites las dicotomías azul/rosa, camiones/muñecas, deportes/glamur tan omnipresentes en la moda infantil, los diseños de cuartos de bebé y las tarjetas de felicitación de recién nacidos. Quizás optes por no asignarles un género a tus críos, utilizando pronombres neutrales para protegerlos del agarre asfixiante de las expectativas y estereotipos patriarcales. Estés donde estés en el continuo, el feminismo es solo un marco que cincela las decisiones que tomas y las actitudes que adoptas. Siempre exige autorreflexión, evaluación y reinvención constante.

Bien, pues, ¿cómo puedes hacerlo? Si estás buscando un libro repleto de consejos asequibles sobre cómo criar chicas seguras de sí mismas y chicos cariñosos, aquí no los vas a encontrar. Desde luego considero apremiante que los padres aprendan a comunicarse con sus hijas de formas que neutralicen los mensajes patriarcales perseverantes sobre la inferioridad de las mujeres; pero este no es un libro de frases diseñado para enseñarte qué decirle a tus hijas pequeñas. De igual modo, es imprescindible que los padres enseñen a sus hijos a relacionarse con las chicas de maneras que contrarresten la típica perspectiva misógina sobre el sexo, el consentimiento, el privilegio y la condescendencia, pero no esperes un listado de puntos de discusión pensados para desbaratar la cultura de la violación o abordar los hábitos de consumo obsesivo de pornografía de tu hijo adolescente. Este no es un libro sobre cómo criar a los hijos –o por lo menos no entraría dentro de esa categoría en el sentido convencional–. Más bien es una guía para que puedas realizar una autointervención. Insta a los padres a modificar sus mentalidades, temperamentos e inclinaciones. Pretende ayudarlos a descubrir todas esas cosas que hacen –cosas cotidianas, normales y corrientes– que reproducen actitudes problemáticas y afianzan sistemas opresivos.

Por supuesto, no será posible erradicar una vida entera de patrones de pensamiento sexista y patriarcal solamente leyendo este libro. ¿Por qué? Porque el feminismo no es una solución inamovible a un problema estático. Es, más bien, una herramienta variable que nos proporciona la capacidad de tomar, en contextos dinámicos y fluctuantes, decisiones deliberadas que sean antisexistas y sensibles al género. Te enseñaré a utilizarla, y al hacerlo retrataré la imagen de un nuevo tipo de figura paterna que sea capaz de inspirar, un modelo a seguir para padres que intentan desesperadamente navegar en un mundo de narraciones constantes. Ten algo bien claro, padre feminista no es una identidad. Pero, paradójicamente, puedes intentar ser un padre feminista; y de hecho, deberías hacerlo.

El proceso de convertirse en un padre feminista, según mi conceptualización, se rige por cuatro principios fundamentales:

1. Cultivarás activamente una *concienciación crítica*. Esto significa que estarás dispuesto a considerar críticas a lo que bell hooks llama con frecuencia «el patriarcado capitalista imperialista supremacista blanco». Sé que suena a algo extremo, quizás más radical y subversivo de lo que te esperabas cuando abriste este libro. Intenta mantener la mente abierta. hooks dice que la frase simplemente describe «los sistemas políticos entrelazados que se hallan en las raíces de la política en nuestro país».[8] Podría ser considerada una de las primeras teóricas interseccionales, al aseverar que es engañoso hablar de desigualdad de género sin hablar también de sexualidad, raza y estatus socioeconómico. Un padre feminista es consciente de este hecho. Intenta ver el mundo a través de una lente crítica e interseccional, y se propone identificar, cuestionar y luego reconstruir las narrativas problemáticas e injustas. También se muestra crítico ante las estructuras financieras, económicas, políticas, tecnológicas y legales que pretenden impedir que cuestionemos la mentalidad patriarcal. Un padre feminista adopta esta actitud incluso cuando la mirada autorreferencial le quema porque están en juego sus privilegios. Es decir, cuando se ve obligado a reconocer cosas que quizás preferiría no reconocer.
2. Llevarás a cabo una *crianza sensible*. Esto significa que eres una persona adaptable, reflexiva y abierta a perspectivas diversas y pluridimensionales. Estás dedicado a contrarrestar la *autoridad patriarcal narcisista*, que es un término que utilizo en la segunda parte de este libro para

describir un supuesto que no solemos cuestionar: que los hombres cisgénero –especialmente los padres– tienen derecho a definir y/o protagonizar la realidad narrativa que configura las experiencias del resto de personas. Nuestras instituciones a menudo dan prioridad a la vida del padre. Por ejemplo, los estudios médicos todavía tratan la anatomía masculina adulta como si esta fuera el estándar. Y no es algo exclusivo a la biología: veo el mismo patrón en mis propias labores profesionales. El canon literario académico occidental sigue siendo predominantemente masculino, y nuestras teorías psicológicas siguen basándose, de manera inexplicable, en mitos de género marcado radicados en el patrilinaje.

3. Te comprometerás a criar a tus hijos en un ambiente despojado de, lo que yo llamo en la tercera parte de este libro, *esencialismo sexado de vestidores.* Esto significa que estarás dispuesto a descartar narrativas basadas en el determinismo biológico y sustituirlas por acciones y retóricas antisexistas. «La biología es un tema interesante y fascinante», escribió Chimamanda Ngozi Adichie en el libro donde daba consejos para criar a una hija feminista, pero «nunca la aceptes como justificación de cualquier norma social. Porque las normas sociales las crean los humanos, y no hay ninguna norma social que no pueda ser cambiada».[9] Un padre feminista acepta esto como verdad. También es consciente de lo fácil que es que la conducta de un padre o una madre fortalezca sin darse cuenta la suposición de que las convenciones de género más opresivas

se basan en la ley natural. Además, sabe que el sexismo es omnipresente, así que se toma la molestia de crear alternativas que puedan presenciar sus hijos.

4. Pondrás en práctica una inclusividad rigurosa. Esto significa, en el sentido más básico, que te comprometerás a criar a tus hijos de formas que cuestione los estereotipos sexistas y las binarias de género tradicionales. Dicho de otro modo, el padre feminista no se pregunta ¿cómo preparo a mis hijos para las duras realidades de un mundo radicado en el género?, sino que es consciente de que su deber consiste en criar hijos que estén capacitados para cuestionar todo tipo de sexismo, misoginia, injusticia y opresión. Una figura paterna carga con una responsabilidad universal sobre sus espaldas: cultivar una actitud no violenta y no dominante, ofreciéndole a sus hijos un modelo basado en el aprecio de la diversidad y la tolerancia. Un padre feminista lleva su compromiso con la igualdad más allá de los prejuicios cisgénero; también lucha para crear un mundo más seguro para individuos transgénero, no binarios y disidentes del género. De hecho, rechaza todas las formas de discriminación, explotación, indignidad y coerción. Sabe que el consentimiento es un prerrequisito no solo para el sexo, sino también para la educación, el trabajo, la espiritualidad, la psicología, las políticas estatales y el juego.

Soy consciente de que, así de entrada, estos cuatro principios podrían parecer relativamente abstractos y confusos. Quizás incluso querrías refutar algunos de ellos, pero, te lo suplico, no te precipites. El resto del libro se dedicará a clarificarlos y hacerlos irrefutables. Por desgracia, no existe ninguna forma fácil y rápida de hacerlo. Revisaré los cuatro principios en detalle en la última sección del libro. Sin embargo, aunque saltes a esa parte, no hallarás explicaciones concisas o simples de ninguna de estas ideas. Se solapan y entremezclan. Del mismo modo, convertirse en un padre feminista exige que los cuatro principios entren en juego, todos a la vez, en todo momento, razón por la cual he escrito el libro de una manera interdisciplinaria, para que sea un reflejo de eso.

Antes de empezar quisiera dejar bien clara una cosa. No me considero una especie de padre feminista ideal. No acato todos los principios en todo momento. Desde luego intento hacerlo lo mejor posible, pero también cometo muchos errores. Muchas noches, cuando estoy estirado en la cama antes de quedarme dormido, lo primero que siento es remordimiento. Reflexiono sobre todas las interacciones problemáticas que he mantenido con mis chicos a lo largo del día. Las revisito en mi mente, evaluando mis decisiones, reprobando mis errores. Y finalmente me propongo ser una mejor figura paterna –y un mejor padre feminista– mañana. Por ello este libro está repleto de anécdotas donde describo mis meteduras de pata. Así como *The New Childhood* estaba lleno de historias positivas e inspiradoras de sesiones de pantalla familiares e interacción con los medios compartida, este libro es distinto. Quiero mostrar a los lectores cómo he aprendido a reconocer y recapacitar las formas inconscientes y deplorables a través de las cuales soy partícipe de sistemas y estructuras sexistas, patriarcales, binarias y misóginas. Espero que tú puedas aprender a hacer lo mismo.

Seamos honestos. Al principio, convertirse en un padre feminista es algo que duele. Y mucho. Pero, a la larga, te liberará.

Primera parte
En el nombre del padre

JUEVES, 6:15 A.M.: Estoy mirando por las ventanas de nuestro piso de tres habitaciones, en un undécimo piso. El alba ilumina el horizonte de Filadelfia, y hago una foto para Instagram. *#Dedosrosados #Epítetoshoméricos #Philly.*

Llegó la hora de empezar a gritar a mis hijos. ¡Levantaos de la cama! ¡Cepillaos los dientes! ¡Poneos los zapatos! ¡Haced la mochila! Enciendo las lámparas de su habitación –luminosas, drásticas, contundentes–. La luz disuelve las sombras, y mis hijos se esfuerzan para mantener los ojos cerrados, resistiéndose a la iluminación como los prisioneros liberados de la caverna de Platón. Marcho por el pasillo hasta llegar a la cocina.

Necesito café –un expreso doble– mientras escucho las noticias.

Veinte minutos después: ya tengo mi dosis de cafeína. He repasado la lección sobre la Antigua Grecia y los orígenes de la filosofía que impartiré a mis estudiantes de la Universidad de Temple a media mañana, pero mis hijos todavía están sepultados bajo las sábanas.

«¿Por qué creéis que os he comprado smartphones?», grito, «¿Solo para que miréis YouTube? Aprended a poner la alarma…, si no, os desactivaré el plan de datos». ¡Puaj! Es el peor tono de voz que tenía mi propio padre, y está saliendo de *mi* boca –involuntaria y amargamente, tan rancio como un vómito.

«¿De verdad creéis que quiero empezar el día pegando gritos?», pregunto con una entonación fingida, mientras mi enfado irracional va en aumento, como si todo fuera su culpa. No lo es, por supuesto. Simplemente me resulta frustrante encontrarme escuchando la banda sonora de mi adolescencia, y no me gusta sentirme atrapado en un algoritmo cíclico, una fórmula intergeneracional de drama doméstico. Me fastidia lo trágico que es tener que interpretar un papel como si fuera un autómata, recitando de manera mecánica un guion, especialmente teniendo en cuenta que no lo escribí yo. Me abotono un pantalón azul, paso un cinturón por sus presillas y me miro en el espejo para ver si esta camisa revela mi barriga de mediana edad, que cada vez es más notable. Lo hace. Decido ponerme un color más oscuro, que me haga parecer más delgado.

Me estoy peinando la barba y recuerdo a Ram Dass, un maestro espiritual y gurú *hippie* de la generación de mi padre. En una ocasión dijo: «Si crees que has alcanzado la luz, ve a pasar una semana con tu familia». Hacía referencia a cómo los viejos patrones desencadenan respuestas y reacciones emocionales poco meditadas. Creo que todos nos podemos identificar con esto. El drama familiar puede parecer tan insoslayable, encapsulado y recurrente como un rollo de pianola. Esta es la verdadera razón por la cual la rutina matinal me quema tanto. Me despoja de poder. Pone en evidencia mi propia falta de autonomía. El enojo que siento hacia mis hijos se enciende de forma proporcional a la decepción que siento de mí mismo. Percibo la disonancia de mi propia vulnerabilidad emocional, y hago exactamente lo mismo que presupongo que hizo siempre mi padre –y tantos otros hombres antes de él–. Saco bola y ostento la poca autoridad de la que puedo alardear.

¡Si no puedo controlar mis propias acciones, intentaré controlar las vuestras…, eso que os quede bien claro!

Ladro hasta que me duele la garganta. Pastoreo a mis chicos hasta esa situación incómoda en que todos nos estamos de pie en el recibidor de la casa con las chaquetas puestas, las mochilas colgando de nuestras espaldas, poniéndonos los guantes. Estamos listos para empezar el día, pero por alguna razón nos detenemos a respirar unos segundos antes de girar el pomo de la puerta. Daría la impresión de que los tres hemos estado representando una especie de drama primordial improvisado.

Hacemos una pausa, como si quisiéramos darle al público imaginario la posibilidad de aplaudir, y después salimos del escenario por el lateral derecho.

Actúa como un hombre

Todos estamos perpetuamente actuando. Encarnamos papeles y personajes como lo haría un actor de teatro. Probablemente habrás escuchado la manida cita de *Como gustéis* de Shakespeare: «El mundo entero es como un escenario; mujeres y hombres no son más que actores». Más recientemente, Kurt Vonnegut comenzó *Madre noche*, su novela de 1962, con la frase «somos lo que pretendemos ser».[10] Palabras mucho más profundas que un mero sentimiento poético.

Detengámonos un momento a analizar la palabra *persona*. Proviene del latín clásico, antaño hacía referencia a la máscara que se ponía un actor, no solo cuando interpretaba un rol dramático, sino también cuando se realizaban rituales. Visualiza las pelucas pulverulentas que llevan los abogados británicos, son claras manifestaciones residuales de aquellas antiguas máscaras ceremoniales de *persona*. Asimismo, el vestido blanco de novia, el alzacuello del sacerdote, o el uniforme de equipo de los deportistas profesionales son todos casos modernos de *persona* en el sentido tradicional, en forma de vestimentas para acompañar una actuación ritual. Hay muchos más ejemplos sutiles: un atuendo corporativo oscuro de camisa y corbata, zapatos formales de puntera perfectamente pulida, el fino lustre sintético de un polo de golf marca Under Armour. Y no solo es la ropa. También confeccionamos nuestros vocabularios. Recuerda cómo *sitcoms* como *The Office* o *Silicon Valley* se burlan de acrónimos y *buzzwords*, esa habla absurda que utiliza la gente que pulula por entornos empresariales o el mundillo de las *start-ups*. ¡Si quieres encajar en esos entornos y prosperar, tendrás que conocer bien esa jerga! Súmale los protocolos que has adquirido y las rutinas o conductas propias de situaciones concretas. Al final te habrás hecho una idea del teatrillo complejo que constituye tu realidad social.

El famoso psicólogo suizo Carl G. Jung utilizó el término *persona* para designar la actitud de cara al exterior de un individuo.[11] Lo describió como «una especie de máscara, diseñada por un lado para causar una impresión definida en los otros, y, por otro, para ocultar la verdadera naturaleza del individuo».[12] Jung sabía que todos vestimos, metafóricamente, uniformes y trajes confeccionados con el propósito de comunicar un estatus y una afiliación, de demostrar que podemos asumir legítimamente los roles cotidianos que pretendemos interpretar. En mi caso, este juego de improvisación de toma y daca se hace bastante aparente cuando llego a casa del trabajo, al final del día. Mientras me pongo un cárdigan, me acuerdo de míster Rogers. Me imagino las cámaras televisivas en plataformas enormes y las lámparas brillantes Fresnel que se alzaban justo detrás del proscenio de su sala de estar de cartón-piedra. Me pongo unas zapatillas cálidas y vellosas, y les ofrezco a mis hijos, que acaban de llegar del cole, un tentempié saludable. Luego, les advierto con cierta dureza que deberían hacer los deberes antes de engancharse a los videojuegos. Quiero fomentar buenas costumbres. Quiero enseñarles a priorizar sus obligaciones, a ser responsables. Pero mientras corto tacos de manzana y los llevo a la mesa, me pregunto si simplemente estoy actuando como un padre, asumiendo la *persona* de un papá. ¿Me limito meramente a interpretar el papel de la única forma que he visto interpretarlo? Es lo que afirmaría el famoso sociólogo Erving Goffman, quien describió la vida mental humana como el producto –no la causa– de una interpretación social en constante desarrollo. Su libro más famoso, *La presentación de la persona en la vida cotidiana*, publicado en 1956, es ahora uno de los libros de ciencias sociales más citados de todos los tiempos.[13] El teatro es la metáfora sobre la que radica el libro.

Según Goffman, el yo «no es algo orgánico que tenga una ubicación específica, y cuyo destino fundamental es nacer, madurar, y morir. Es un efecto dramático que surge de forma difusa de la escena que se representa. La cuestión típica, el problema crucial, es si ese efecto será o no desacreditado».[14] Lo que quiere decir es que el yo, tal como lo conocemos, emerge como respuesta a un contexto social. Mi identidad no es fruto de la naturaleza, por lo menos no en el sentido de que existe un verdadero yo interior y auténtico, o un temperamento único que ha sido biológicamente predeterminado. Lo que propone Goffman es que el yo individual es solo el efecto, no la causa.[15] Vamos descubriendo quiénes somos a medida que orquestamos nuestras actuaciones, y recibimos reacciones y sugerencias de nuestros públicos (la gente de nuestro alrededor, que son también, como nosotros, intérpretes). Este proceso de autodescubrimiento equivale a aprender la conducta social. Es como un ensayo general: interpretamos el papel tal como ha sido escrito, y probamos nuevas cosas siempre en busca de una gran ovación. Para parafrasear a la cantautora superestrella Taylor Swift: «Nos convertimos en la persona que la gente quiere que seamos».[16]

Pero no nos olvidemos de que nadie va al teatro sin ciertas expectativas, especialmente los actores. Así que, en la vida real, ¿de dónde proceden esas expectativas? ¿De dónde sacamos nuestros guiones? ¿Quién los escribe? ¿Cómo sé lo que significa ser padre, o sentirse como un padre? ¿Se remonta todo a las experiencias de mi infancia? ¿Fue simplemente observando nuestros progenitores que nos preparamos para los roles parentales que acabamos interpretando? ¿O hay elementos que son inherentes a la familia humana? ¿Existe un molde psicológico interno, como los arquetipos del inconsciente colectivo que conceptualizó Jung? ¿Nacemos equipados con un cableado fijo de verdades esenciales? ¿Estructuras neurológicas invariables, fruto de eones de adaptación evolutiva? Las acotaciones de la paternidad, ¿están inscritas en nuestro ADN?

Es cierto que hay estudios que plantean la posibilidad de que los hombres experimentamos cambios biológicos cuando esperamos la llegada de un hijo. Los niveles de testosterona se rebajan y los de cortisol y prolactina aumentan.[17] Las áreas del cerebro vinculadas al apego y la crianza, por su parte, parece que son más activas.[18] Y los padres que experimentan las fluctuaciones físicas más notables son los que tienden a responsabilizarse más del cuidado del bebé después de nacer. ¿Es eso un indicio de una conexión causal? Es decir, ¿significa que la tendencia a ser un padre particularmente implicado es algo biológicamente determinado? No tiene por qué.

Algunos investigadores, fijándose más detenidamente en los cambios físicos prenatales de los hombres, señalan que estos no son correlativos al número de días que quedan para el nacimiento del niño. En vez de esto, parece que los cuerpos masculinos muestran cambios hormonales parecidos a los que afectan a la madre.[19] Es decir, es prácticamente imposible rastrear la línea de causalidad con total certidumbre. Dicho de otra manera, nadie sabe a ciencia cierta si las variaciones se deben al bebé o a la esposa, a la gestación del niño o al embarazo de la madre. Los cambios biológicos del padre podrían ser puramente sicosomáticos, una expresión empática de vinculación doméstica desatada inconscientemente; la forma que tiene el cuerpo de adoptar la *persona* de un marido.

Muchos psicólogos han dejado constancia de casos de padres que, esperando la llegada de un hijo, experimentan aumentos de peso, náuseas, pérdida de apetito y otros síntomas típicamente asociados a las mujeres y el embarazo. Los expertos lo llaman el síndrome de Couvade. El nombre proviene del verbo del francés antiguo *couver*, que puede significar tanto «inactividad cobarde» como «sentarse sobre algo (incubar, como un pájaro que se posa sobre un huevo)».[20] El término lo acuñaron a mediados del siglo XIX antropólogos que estudiaban culturas que denominaban «primitivas». Muchos de esos estudiosos hallaron ejemplos de costumbres ritualizadas en las cuales el padre siente (o por lo menos simula sentir) los dolores de parto de la madre.[21] Quizás parezca una locura, pero el gran sir James Frazer, el famoso folclorista autor del influyente libro *La rama dorada* (1890), atribuyó el Couvade a la creencia en la «magia empática», explicando que la ausencia de una causalidad tangible, medible y efectiva es irrelevante, porque «la idea de que las personas y las cosas actúan unas sobre otras a distancia» es ubicua en las culturas indígenas.[22]

La medicina moderna, la antropología primeriza, la psicología y la mitología comparada plantean explicaciones distintas a lo que parece ser un fenómeno común asociado a la prepaternidad. Todas parecen estar de acuerdo en una cosa: la transformación prenatal del hombre tiene de algún modo relación con su idea (incluso anterior al embarazo) de cómo debería ser la división del trabajo en términos de género. Lo que da pie a más preguntas del mismo tipo: ¿de dónde provienen *esas* ideas? Los roles vinculados a la crianza de niños que asumen los hombres y las mujeres ¿son innatos, fijos, universales? ¿Existe una diferencia natural entre la psicología masculina y femenina, paternal y maternal, en cuestión de cómo se relacionan con los hijos y las hijas? ¿Qué sucede con las parejas de un mismo sexo? ¿Un cónyuge actúa como la madre y el otro como el padre? Si es el caso, probablemente sea por decisión propia que se deriva de expectativas culturales. A la larga, no parece tener demasiado efecto en el resultado final del desarrollo de los niños. Varios estudios han demostrado, de forma bastante consistente, que no hay diferencias que puedan atribuirse únicamente a la sexualidad, el género o sexo biológico de los progenitores.[23] Aquellos que no están de acuerdo con este consenso científico[24] tienden a basar sus opiniones en conjeturas anticuadas sobre la influencia maternal o paternal. Dirán cosas como «¡un niño necesita un padre para que le enseñe a ser un hombre!», pero no es verdad.

Como demostraré en este libro, los fundamentos de los roles vinculados a la crianza de los infantes que respondan a géneros específicos no tienen nada de sólidos. Nuestra manera de formular la paternidad es simplemente la consecuencia de expectativas culturales arbitrarias promovidas y mantenidas por sermones religiosos, anuncios televisivos y mala ciencia –ideas que siguen consolidándose mediante interacciones cotidianas–. Es la socialización. Enseñamos a los hombres a interpretar el papel de *padre*. Los animamos, a través de señales, a hacerlo de la forma que la mayoría de la gente lo esperaría. Sé que esto es así porque lo he sufrido en mis propias carnes.

Sé la persona que trae el pan a la mesa

Cuando nació mi hijo mayor, lo celebré con un chupito de bourbon. Esa primera semana, en casa, lo sostuve en mis brazos mientras escuchábamos la discografía entera de los Beatles en orden cronológico. Empezamos con «I Saw Her

Standing There» en *Please, Please Me* (1963) y acabamos con «Get Back» en *Let it Be* (1970). Le canté cada una de las letras desafinando, pero con gran ilusión. Mi hijo era un miniyo, e incluso antes de que fuera el momento apropiado de su desarrollo infantil, quería compartir con él un legado de entretenimiento, aficiones, gustos, películas y música.

Su madre sufrió complicaciones menores de salud y necesitó más tiempo de lo habitual para recuperarse, así que llevé al bebé unas calles más arriba para su primera visita con la pediatra. Cuando entró en la habitación, quedó claro que le inquietaba la ausencia de mi entonces mujer. Incluso antes de empezar a examinarlo, la doctora mencionó que el bebé no estaba comiendo lo suficiente. Era como si la falta del pecho de la madre, en ese mismo momento, fuera una prueba fehaciente de malnutrición. Tomé nota mental de la estrechez de miras de la pediatra, su adherencia a un discurso ficticio sobre la santidad y necesidad del cuidado maternal. La supuesta existencia de un lazo metafísico entre madre e hijo mengua preventivamente los esfuerzos de padres bien intencionados. Además, esa idea falsa ha sido utilizada para legitimar la desigualdad de género, oprimir a las mujeres y limitar su libertad. «Es muy revelador», escribe bell hooks, «el hecho de que, tras la eclosión del movimiento feminista, la institución médica patriarcal que anteriormente había restado importancia a lactancia materna, de repente empezó no solo abogar por ella, sino a hacerlo con gran perseverancia».[25] La presión que se ejerce sobre las madres para que den de mamar es, evidentemente, tan poco proporcional a las pruebas científicas que indican sus beneficios respecto a la fórmula para bebés (ahí donde haya agua potable) que solo puede interpretarse como una maniobra para obligar a las mujeres a cargar con una mayor parte de la responsabilidad en la crianza de los niños.[26] Pero yo, en ese momento, estaba demasiado centrado, animado y ansioso, al ser un padre novel, como para dejar que el prejuicio de la doctora me afectara.

Durante esas primeras semanas, me encantó estar con mi hijo recién nacido. Eran los albores del comercio electrónico, y encargué por Internet un portabebés. La gran y colorida faja de tela de sarga de algodón orgánico color verde tierra se promocionaba como si fuera un utensilio ancestral y esencial de la crianza de niños, un objeto crucial en la evolución de la civilización humana, un artefacto icónico que mostraba la dimensión más cariñosa de la labor de los progenitores.[27] ¡Qué suerte teníamos de que hubiera sido adaptado a los tiempos modernos, y que todavía se fabricara! No era fácil ponérselo, pero muy cómodo una vez colocabas correctamente los pliegues, paños y nudos. Me até a mi hijo al pecho y me fui con él a una tienda Target a comprar comida y pañales. Mi hijo iba a gozar de todos los beneficios del *contacto amoroso.* Y yo sentí una afinidad con mis ancestros cazadores-recolectores.[28] Era como si ahora formara parte del linaje original de figuras paternas humanas, cosechando un sustento esencial para la prosperidad de nuestra familia.

Pronto nos llegaron incluso más cachivaches. Un familiar acaudalado nos regaló una sillita de coche/carrito de precio muy elevado. Se llamaba la rana, o la salamandra, o alguna otra especie anfibia. Supuestamente lo vendían con ese nombre porque era un híbrido, diseñado para poder adaptarse a entornos diversos. La decisión de llamarla así pretendía ser una referencia al origen del cerebro reptiliano. Gran parte de la promoción de los productos que se venden a padres noveles comprende un discurso pseudodarwinista paradójicamente tecnoutópico. Deseamos una versión totalmente medicalizada y científicamente validada del desarrollo infantil, pero a la vez queremos que tenga un punto primitivo y natural. Estamos dispuestos a ignorar discursos arcaicos en torno al género siempre y cuando nos hagan sentir que criamos a nuestros hijos bebiendo de la sabiduría de nuestros ancestros. En cualquier caso, aprendí a transformar ese mamotreto de diseño tan exagerado en un carrito, y saqué a pasear a mi hijo por el barrio. Por supuesto, la gente se paraba en la acera para admirar al recién nacido, tan «mono» y «adorable». No me pasó por alto la pregunta que emanaba constantemente de la boca de esas personas: «¿Y dónde está su mamá?». Era casi como una serie de señales al lado de la autopista. TRES KILÓMETROS. ESTA SALIDA. GIRE AHORA. ¿Acaso lo que esa gente me estaba intentando decir era que mi decisión de ser un padre comprometido no cuadraba con la percepción cultural predominante de la masculinidad madura? ¿Se supone que debía amoldarme a ese sentido común tan extendido o rebelarme contra él? ¿Disponía yo de algún lugar donde poder hallar el tipo de validación que me sería necesaria para seguir motivado en mi cruzada para convertirme en un padre implicado y feminista? Quizás no. Quizás era el momento de salir de la autopista.

Un 53 % de los americanos creen que, dejando a un lado la lactancia materna, las madres lo hacen mejor que los padres a la hora de cuidar a un recién nacido. Un 45 % creen que las madres y los padres lo hacen igual de bien. Solo un 1 % opina que los padres lo hacen mejor. Dicho claramente, la gente da por sentado que el sexo biológico determina la solvencia de uno en el cuidado de los niños, sin conceder mucha variación entre individuos concretos, pese a que no hay datos o pruebas científicas que respalden dichas conclusiones. Se basan en la fe e ideas equivocadas. Los padres jóvenes de hoy tienden a ser padres motivados, pero solo un 39 % creen que están haciendo «un gran trabajo» en la crianza de sus hijos; en cambio, un 51 % de las madres lo creen. En 2016, los padres dedicaron el triple de horas por semana al cuidado de sus hijos que los padres en 1965. También constituyeron un 17 % de los progenitores que permanecen en casa, un 10 % más que tres décadas antes; pero siguen sin estar satisfechos. Una encuesta de 2017 concluyó que un 63 % de los padres tienen la sensación de que no pasan suficiente tiempo con sus hijos. Las obligaciones laborales son, a su parecer, el principal obstáculo. Experimentan una dura presión para ajustarse a la expectativa social de que los hombres deberían ser la figura más trabajadora de la familia, y el principal responsable de traer pan a la mesa. Así es como nos enseñan a demostrar nuestras credenciales de figura paterna. Deberíamos trabajar durante los fines de semana y hacer horas extra, en una búsqueda imparable de fortuna y estatus, si queremos demostrar nuestro compromiso de cara a la familia.[29]

Conozco bien a este personaje; ya lo he interpretado antes. Cuando nació mi segundo hijo, tenía treinta años. Era el propietario y el gerente de una concurrida cafetería, ubicada en el famoso mercado de la terminal de Reading en Filadelfia. Trabajaba seis días a la semana, largas horas gestionando el personal, encargando comida, supervisando el inventario y corriendo a suplir cualquier puesto que fuera necesario. Cada sábado y domingo por la mañana, tras levantarme antes del amanecer, rompía noventa docenas de huevos de paleta, hacía tortillas dándoles la vuelta con facilidad, y los emplataba con un acompañamiento de beicon grueso y patatas fritas caseras cortadas a mano. Se me daba genial el trabajo, y ganaba mucho dinero, pero como marido dejaba mucho que desear, y tampoco es que fuera muy buena persona. Contrataba a gente que justo acababa de salir de la cárcel. Vivían en centros de rehabilitación. Me gustaba pensar que los estaba ayudando, pero, para ser honestos, lo hacía básicamente porque eran mano de obra barata, y siempre llegaban puntuales, ya que la libertad condicional se lo exigía. Por otro lado, a veces utilizaba un lenguaje inapropiado cuando hablaba con las empleadas, reproduciendo ciegamente el sexismo, la misoginia y el esencialismo de género típico de los vestuarios que había absorbido durante mis primeros años de trabajar en cocinas de restaurantes. Peor aún, me involucré de manera lamentable en relaciones adúlteras, quizás porque me hacían sentir como un macho alfa. Era asombroso comprobar cuántas de mis propias conductas deleznables podía perdonar y excusar con la frase, «cosas del oficio».

A la larga, todo acabó pasándome factura. Las semanas que siguieron al nacimiento de mi segundo hijo fueron los primeros días de lo que acabaría convirtiéndose en un episodio depresivo largo y desolador. Al contemplar los ojos de mi hijo me vi impelido a plantearme preguntas difíciles sobre lo que significa ser un buen padre y un buen hombre. Mi vida, ¿estaba planteada de una forma que ejemplificara el tipo de madurez que quería proyectar a mis hijos? ¿Cómo podría pedirles que llevaran una vida que priorizara valores positivos radicados en la igualdad, la dignidad y la justicia, si lo que priorizaba yo eran las ganancias, el poder y el placer de manera tan descarada que era capaz de pasar por alto sin problema decisiones poco éticas siempre y cuando estuviera «manteniendo» a mi familia? La disonancia cognitiva me quebró. Me encerré en mí mismo completamente; dejé de hablar a la mayoría de mis seres queridos. Lloraba cada día, normalmente por las mañanas, antes de ir a trabajar, mientras bebía café y miraba distraídamente por la ventana de la cocina. Me encantaría poder describir cómo me sentía, pero la verdad es que, por lo general, no sentía nada.

Unos meses después, vendí mi participación en el restaurante y me apunté a un título de posgrado en Psicología profunda. En aquel momento tenía demasiado orgullo como para aceptar que necesitaba ayuda, y que fue mi propia falta de bienestar mental lo que motivó mi interés por estudiar. En vez de ello, encarné el viejo cliché de que los psicólogos son los que peor están de la cabeza y que, en realidad, lo único que buscan es sanarse a sí mismos. Quise plantearme esa nueva iniciativa académica como si fuera un cambio de carrera razonable, un giro. Me tomaba mis sesiones semanales con un analista jungiano como *estudios suplementarios*. Quería creer que me encontraba bien, que dominaba la situación, que era alguien fuerte, competente, independiente. Bromeaba estoicamente sobre la idea de que seguramente moriría joven porque la crisis de la mediana edad me había llegado antes de lo normal. Del todo obtuso, y nada consciente de mis propias contradicciones, navegaba por Internet en busca de libros de autoayuda que trataran la paternidad desde la perspectiva de la psicología arquetípica, que exploraran el rol del padre como una identidad coherente. Encontré muy pocos. Había mucha literatura de desarrollo personal que abordaba la masculinidad desde perspectivas mitopoéticas, espirituales, esencialistas o psicológicas, pero no que se centrara específicamente en la paternidad. Sospecho que eso se debe a que los hombres generalmente equiparan el ser padre a una figura de autoridad. Se espera de ellos que siempre sepan lo que hay que hacer; no deberían tener necesidad de ninguna ayuda. Pero en el mundo en el que vivimos actualmente los padres sí que necesitan ayuda.

Según un informe Pew de 2015, el 57 % de los padres consideraron que la crianza de los hijos es algo que «afecta enormemente su identidad».[30] Pero la conceptualización generalizada de la paternidad no concuerda con la realidad que los rodea; es un modelo incapaz de proporcionar a los hombres roles positivos a los que aspirar, oportunidades valiosas para la reflexión, o nociones psicológicas saludables. ¿Por qué? Porque hoy en día, las normas económicas, tecnológicas, políticas y sociales están cambiando. Podemos constatarlo especialmente en el proceso de renegociación de las categorías de género. En 2019 el diccionario Merriam-Webster declaró el pronombre *they* (elles) como la palabra del año –hubo un 313 % más de búsquedas online–. Fue *justice* (justicia) en 2018, y *feminism* (feminismo) el año 2017.[31] El vocabulario requerido para mantener una conversación sobre poder, opresión e interseccionalidad se ha vuelto *mainstream*. Las perspectivas críticas que antaño permanecían en su mayoría confinadas al ámbito académico o el mundo del activismo ahora son ubicuas. La gente a pie de calle denuncia ejemplos recientes de prejuicio institucional cada vez que sale una nueva noticia. Las víctimas de discriminación de género, ya sea intencional o no –junto a otras que han sufrido opresión, violencia, explotación, y traumas diversos por culpa de la desigualdad sistémica que ha perdurado durante siglos– están indignadas y hacen ruido. El cambio está por llegar, de eso no hay duda, pero el desenlace de esta transformación inevitable sigue sin estar claro. Tan solo es una sensación brumosa de revolución que merodea en el horizonte del futuro más cercano. Es por eso que los padres están perdiendo el hilo. Estos no saben cómo imaginarse a sí mismos despojados de los privilegios y derechos que les proporcionaba el patriarcado. Por consiguiente, algunos hombres han pasado a ser reaccionarios. Culpan a las mujeres, las madres, y las «políticas de identidad» promovidas por profesores de universidades liberales de élite como yo. Se suman a batallas políticas contra los derechos reproductivos de las mujeres porque inconscientemente identifican los cuerpos no masculinos cisgénero como una amenaza. Obviamente, la única amenaza real es la falta de referentes simbólicos coherentes, una carestía de imágenes en torno a la figura paterna que hayan sido reformuladas adecuadamente para adaptarse al *ethos* cultural contemporáneo.

Por desgracia, la reacción progresista habitual consiste en demonizar a todos aquellos hombres que recurren a la ira y las acusaciones para compensar su sensación de incertidumbre de cara al futuro. A los liberales poco les cuesta señalar cuán ridículos e hipócritas pueden ser algunos de esos tipos que van de machos. Lo entiendo. Es legítimo, desde luego, desechar la idea de que los hombres privilegiados puedan verse como víctimas. Para ser claros: no los estoy defendiendo. Sé que una acusación creíble de violencia sexual no constituye una caza de brujas.[32] Y para nada quisiera justificar a los bocazas de Twitter que se quejan de cómo la «cultura de la cancelación» cada vez dificulta más la posibilidad de «ser un hombre». En efecto, es absurdo que en esta transición hacia la paridad de género los hombres lamenten la pérdida de unos privilegios que nunca se merecieron, pero eso no debería impedirnos reconocer que renunciar a los discursos que siempre han dado sentido a nuestras vidas es algo que puede resultar desorientador y desestabilizante. Da igual que esos discursos sean correctos o incorrectos, verdaderos o falsos, justos o injustos, sea como sea, constituyen la integridad estructural del sistema de sentidos de un individuo. Cuando los cuentos de toda la vida se derrumban, resulta doloroso.

En efecto: nuestras narrativas se están desmoronando a nuestro alrededor. Las consecuencias de esto no es algo baladí. Los patrones y las categorías que solíamos utilizar para definir el *yo* y el *otro* están siendo cuestionados cada día, a veces para bien, a veces para mal. Por ejemplo, ¿cómo podemos saber quién pertenece a qué categoría de identidad en los tiempos de la diáspora digital, cuando cualquiera puede hallar su «tribu»? ¿Qué sentido se supone que tienen la herencia, lealtad y continuidad culturales ahora que esas ideas pueden desprenderse de la biología y del lugar de nacimiento? Nadie lo sabe del todo. Las tecnologías de la información han transformado íntegramente cómo interpretamos las relaciones humanas, cómo nos comunicamos los unos con los otros, y cómo definimos la intimidad. Ha surgido un nuevo paradigma global que nos ha obligado a vivir y trabajar en un mundo organizado según un modelo geopolítico que apenas podemos comprender. Las antiguas fronteras correspondientes a la categoría de estado a veces siguen impidiendo el tráfico a pie de inmigrantes, eso es cierto, pero la información, los microbios y los activos financieros circulan imparables a través de las fronteras, sin toparse con obstáculos. Similarmente, las cadenas de suministro transnacionales han reconfigurado las reglas del mercado. Los transportes de alta velocidad han alterado cómo percibimos los límites del tiempo y el espacio. Los algoritmos y la inteligencia artificial, nuestra manera de conceptualizar el trabajo, el empleo y la productividad. La automación ha tergiversado los criterios de los que disponíamos para entender la meritocracia y la autoestima. Cuestiones diversas vinculadas al acceso de datos y la privacidad han desdibujado los límites de la soberanía personal. Varios avances en bioingeniería han puesto patas arriba la mismísima noción de la naturaleza humana. Visto en conjunto, parece una pesadilla existencial. Y no es descabellado, en definitiva, suponer que la familia y la paternidad también deberán cambiar en una misma escala y alcance que todo el resto de elementos que constituyen nuestra realidad social y cultural.

El problema es que, hasta ahora, nos hemos resistido a cualquier reconfiguración de la vida familiar que no sea superficial. Sí, corremos felizmente a incorporar Siri, Alexa o el Asistente de Google a nuestras vidas –y dejarlos que enciendan y apaguen las luces de la cocina–, pero nos negamos, obstinadamente, a modificar nuestro entendimiento colectivo de lo que constituye un hogar sano.[33] En lo referente a la crianza de los hijos, seguimos adhiriéndonos con tenacidad a roles de género binarios; roles que fueron implementados en los albores del capitalismo, en la época en la que la economía del mercado industrial justo había empezado a reemplazar los talleres de artesanía y las granjas familiares. En ese momento, la fría eficacia mecanizada de la producción fabril y las brillantes hojas de vidrio de rascacielos repletos de oficinas dieron pie a otro bloque histórico de transformación sociocultural desorientadora. Con tal de preservar una sensación de estabilidad psicológica, la gente hizo lo que pudo para adaptarse a ese ocaso del modo de vida agrario de forma que resultara *natural.* Fue así como nos sacamos de la manga una *historia de origen* sexista protagonizada por amas de casa y hombres cazadores, alegando que los nuevos roles de género eran la consecuencia orgánica de la biología y la evolución humanas. Es en este punto que adquirimos la imagen de amas de casa descalzas y embarazadas, inclinadas sobre los hornos de la cocina, barriendo y fregando. A pesar de lo que quizás te hayan contado, esta división por géneros del trabajo –separándonos en individuos que nutren e individuos que ponen el pan sobre la mesa– es una invención particular de la modernidad.[34]

En el mundo preindustrial, la comida era demasiado escasa como para permitirse el lujo de tener a la mitad de la población en casa para cuidar de la choza. Todas las personas tenían que proveer –cazando, recolectando, labrando, haciendo fuera lo que fuera–. Sí, a menudo los padres se iban a la guerra, dejando a mamá sola para desempeñar *ambos* roles; pero no fue hasta el siglo XIX que el entorno laboral se convirtió en un sitio predominantemente masculino. «Un entorno homosocial», así es como lo llama Michael Kimmel, uno de los más reconocidos sociólogos especializados en estudios de la masculinidad. «Un mundo exclusivo para los hombres, donde se enfrentan a otros hombres».[35] Kimmel habla de cómo el entorno laboral masculino pasó a ser desapegado, racional y competitivo porque el hogar femenino era considerado altruista, compasivo y amoroso. «La autosuficiencia les iba bien a los *hombres* porque las *mujeres* se encargaban de la subordinación y la obligación», escribe la historiadora Stephanie Coontz. «Esto exigía que tanto hombres como mujeres se especializaran en una serie de conductas, habilidades y sentimientos a costa de la supresión de otros».[36] Dicho de otra forma, el entorno laboral industrial se alzaba sobre la agresión represiva y homofóbica que hoy en día llamamos masculinidad tóxica.

Según un artículo del *New York Times* publicado en 2019, la masculinidad tóxica implica la supresión de sentimientos, la velación de la angustia, la preservación de una apariencia de macho duro, y la tendencia a recurrir a la violencia para esconder la vulnerabilidad.[37] El diagnóstico se formalizó en 2018, cuando la Asociación Estadounidense de Psicología (APA) publicó sus primeras *Directrices para la práctica de psicología con chicos y hombres*.[38] Ese documento asevera que los hombres tienen tanto miedo de parecer débiles o *femeninos* que sepultan sus sentimientos, los ocultan en exceso. Esto puede desembocar en problemas cardiovasculares y de salud mental, abuso de sustancias, violencia, encarcelamiento, mortalidad temprana, y mucho más. Queremos evitar estos efectos negativos, desde luego, pero sería absurdo pensar que la masculinidad tóxica no es más que un problema psicológico que sufren ciertos individuos concretos. No, esto no es algo que pueda solucionarse con círculos de tambores catárticos o escapadas a la naturaleza.[39] Pretender lo contrario solo refuerza el mismo discurso patriarcal de autosuficiencia estoica. En vez de ello, deberíamos entender y deconstruir la masculinidad tóxica tal como se manifiesta en contextos familiares, profesionales y económicos más amplios.

También debemos tener en cuenta que abandonar las *personas* opresivas de la época industrial presenta sus propios riesgos. ¿Qué sucede con el sentido de identidad propia de un hombre? No puede descartar de golpe *todos* los significantes estrechos y delineantes de la masculinidad. Al fin y al cabo, la identidad tiene tanto que ver con lo que el individuo reprime como con lo que saca al exterior. Los límites no solo constriñen; también afectan la definición y la forma. No podemos despojarnos de los viejos símbolos sin antes reconceptualizarlos de nuevas maneras. De lo contrario, dejaremos a los padres en un apuro especialmente problemático.

Luke, yo soy tu padre

Es una lástima que prácticamente todas las imágenes populares de la paternidad de las que disponen los hombres de hoy en día consoliden actitudes respecto al sexo y el género propias de la era industrial. La primera figura que me viene a la cabeza es Homer Simpson, ese idiota torpe. Es un ejemplo hiperbólico del muy ubicuo padre de *sitcom* desfasado y zoquete. Sí, es bondadoso y tiene buenas intenciones –a fin de cuentas, es un buen hombre–, pero también es incompetente y tontaina. Además, normaliza la agresión violenta que estereotipa la relación entre padres e hijos. Recordemos la imagen icónica de Homer estrangulando a Bart. Con los brazos al aire, su lengua animada meneándose, exclama «¡Te voy a...!».

¿A quién no le gusta Homer? ¿Quién no se identifica con él? Es el arquetipo del hombre estadounidense de la calle. Como público, toleramos su retrato descarado del abuso infantil porque sabemos que no es más que un *gag* de dibujos animados. La comedia a menudo consiste en la dramatización de tabús; revela propensiones que en la vida real resultarían demasiado escabrosas. Por supuesto, no hay nada malo en reírse de la farsa, pero tras disfrutar un rato de las bufonadas de los *Simpson*, deberíamos considerar por qué aceptamos representaciones de paternidades violentas sin siquiera cuestionarlas. Así veríamos que todos nos hemos tragado una imagen de la responsabilidad paterna radicada en el «amor duro» que quizás hubiera tenido sentido en la era industrial, pero cuya reinvención es urgente en el mundo actual, en proceso de cambio.

Si quieres ser un padre feminista, debes entender que la imagen actual de la psicología masculina sigue arraigada en anticuadas teorías freudianas. Freud recurrió a la antigua tragedia griega de Sófocles, *Edipo Rey*, como modelo para describir la relación temprana que mantiene un niño con sus padres. Seguramente habrás oído hablar del complejo de Edipo. Freud desarrolló y amplió el concepto a lo largo de su vida, pero planteó el tema por primera vez en una carta a su amigo Wilhelm Fliess; y más tarde en su libro de 1899, *La interpretación de los sueños*.[40] Explicó que todos los chicos somos como el rey de Tebas, estamos destinados a asesinar a nuestros padres y casarnos con nuestras madres. Por supuesto, no ha de entenderse de forma literal, sino simbólicamente. No es que el niño desee iniciar una relación de sexo incestuoso con su madre, sino que quiere preservar una unión íntima, caracterizada por la dependencia física. El bebé solía estar dentro del cuerpo de la Madre, y ahora sigue dependiendo de sus senos para nutrirse. El Padre es visto como un obstáculo, se interpone a la capacidad del hijo de satisfacer todos sus deseos, cuando los expresa, mediante el cuerpo de la madre. Desde la perspectiva de Freud, eso se debe a que la Madre es la propiedad sexual del Padre; su cuerpo le pertenece. El Hijo no tarda en darse cuenta de esto y, por lo tanto, aspira a convertirse en alguien como el Padre. Quiere ser un hombre poderoso, capaz de saciar sus propios deseos y privar al resto de los hombres de la oportunidad de saciar los suyos. El Hijo quiere acaparar y proteger su propia propiedad sexual, así que traslada el deseo infantil –la dependencia materna– a una nueva figura parecida a la madre. Encuentra una esposa, compra una casa y forma una familia.

De ahí en adelante, mientras la Madre se ocupa de mantener un nido cálido, reconfortante y amoroso, el Padre se va al trabajo. Ahí se encuentra un mundo de competitividad constante. Los padres deberíamos hacer todo lo posible para demostrar que somos hombres de verdad: individuos fuertes y poderosos. Ostentamos nuestra capacidad de poseer objetos sexuales femeninos, así como bienes y estatus. Es decir, mujeres florero, coches rápidos y superpalcos de lujo en estadios. Es todo postureo. Hacemos alarde constante de todos nuestros privilegios porque la economía industrial capitalista del siglo XX –fomentada por una industria publicitaria en la que el sobrino de Freud, Edward Bernays, influenció muchísimo– nos enseñó a obtener nuestro sentido de autoestima masculina a partir de la riqueza y el poder. Calculamos el valor de nuestras identidades basándonos en servicios y bienes tangibles. Quizás sea un gigantesco todoterreno parecido a un tanque, o una camioneta. Quizás sea una casa enorme en una gran parcela de terreno ubicada en una comunidad elitista. Esta versión de la masculinidad tiene tanto que ver con los bienes que acumulamos dentro de esa McMansión como con lo que conseguimos mantener fuera. También es una *persona* diseñada para demostrar dominación, para exhibir el poder que ejercen algunos hombres, no solo sobre las mujeres y los niños, sino también sobre otros hombres. ¿Por qué? Porque, según Freud, sufrimos permanentemente el trauma edípico original de la pérdida de acceso a las mamas y, por lo tanto, queremos demostrar constantemente nuestra capacidad de no solo poseer los objetos de nuestro deseo, sino también de castrar simbólicamente a los rivales, de abatir al resto de hombres y dejarlos impotentes.

Para entender hasta qué punto las cosas son así, cuán común es esa historia, tan solo tenemos que fijarnos en *Star Wars*. Para formular su icónica serie de películas, George Lucas se inspiró en la obra de Joseph Campbell, un mitólogo muy influyente. «Empecé estudiando a conciencia los cuentos de hadas, el folclore y la mitología», explicó Lucas, «comencé leyendo los libros de Joe».[41] No fue hasta después de haber acabado la producción de la trilogía original que finalmente conoció a Campbell en persona. Los dos hombres pronto se hicieron buenos amigos. A finales de los ochenta, Lucas invitó al periodista Bill Moyer para que filmara su serie de entrevistas con Campbell en el Rancho Skywalker, un lugar superprivado y ultraexclusivo ubicado en el condado de Marin, en California. *El poder del mito*, la serie documental que surgió de esos encuentros, se montó a partir de más de cuarenta horas de entrevista con el mismísimo Obi-Wan Kenobi de la mitología comparada. Probablemente hayas visto *clips* del programa en YouTube. Cuando se retransmitió originalmente en la cadena PBS, justo después de que muriera Campbell, se convirtió en «uno de los programas más populares de la historia de la televisión pública estadounidense».[42] También trajo la obra de Campbell al *mainstream.*

Supongo que habrás oído hablar del viaje del héroe. ¿Quién no? Versiones poco originales del monomito estructuralista de Campbell plagan prácticamente todos los nichos del mercado de autoayuda: pérdida de peso, liderazgo, dotes de escritura, transformación espiritual, *marketing*, *branding*, y mucho más. Todos esos libros prometen un algoritmo infalible –una especie de ayuda sobrenatural, un código secreto, un mapa del tesoro, un sable láser– que maximizará el compromiso, el éxito, los logros y/o las ganancias. Acepta la llamada de la aventura. Anda por el camino de las tribulaciones. Escapa de la barriga de la ballena. ¡Persigue tu dicha! Desgraciadamente, pocos de estos subproductos derivados del viaje del héroe reconocen que Campbell injertó su sondeo multicultural de mitos de héroes en el complejo de Edipo freudiano. Por lo tanto, el modelo favorece la conceptualización problemática de una psicología adolescente que se define según la identidad de una figura paterna defectuosa. Ahora todos somos Luke Skywalker, destinados a dirigir inconscientemente una hostilidad fálica hacia nuestro padre, pero también aprendiendo que es *tóxico* sucumbir a las tendencias oscuras y agresivas de la Fuerza. Es una fórmula para la ansiedad y el desprecio hacia uno mismo.

Campbell describió la batalla entre el héroe y el tirano de la siguiente manera: «Lo sepa o no, e independientemente de su posición social, el padre es el sacerdote iniciativo a través del cual el joven individuo se introduce en un mundo mucho más grande». Aquí está hablando del desarrollo cognitivo y socioemocional en un sentido general. El viaje del héroe no radica de manera exclusiva en la comparación de cuentos folclóricos o patrones arquetípicos. También describe, metafóricamente, un camino supuestamente sano hacia la madurez psicológica. Reparemos, sin embargo, en el hecho de que Campbell presupone que el joven héroe es del género masculino. Es en realidad el viaje de un chaval, y tiene que incluir, por la fuerza, una confrontación con una figura paterna.[43] Campbell establece las rivalidades arquetípicas: «El hijo contra el padre para lograr el dominio del universo, y la hija contra la madre para *ser* el mundo dominado».[44] Se erige directamente en el monomito una jerarquía sexista, patriarcal, binaria y misógina. Los hijos luchan contra los padres. Según Campbell, esto es un reflejo de una realidad ineludible de la experiencia vital: los hombres están destinados a competir por la posición alfa en una jerarquía social marcada por el género, donde solo tiene cabida una única autoridad masculina dominante.

«Todos sabemos que un chaval no puede ser papá hasta que su papá haya muerto», escribe Maria Dahvana Headley en su traducción de 2020 del poema épico en inglés antiguo *Beowulf*.[45] Claramente, en el ámbito mitológico, lo que está en juego para el patrilinaje no es nada trivial. La lucha simbólica entre padre e hijo lleva a ambos individuos hasta el filo de la muerte, y a través del umbral del renacimiento. La parte infantil, subordinada y dependiente de cada chico debe morir para así poder renacer como el patriarca dominante; y el padre debe entregar su reino, una muerte metafórica de la vida tal como la conoce. «Por muy fuerte que pueda ser un hombre», escribió sobre este tropo mitológico el gran antropólogo Jean-Pierre Vernant, «por muy poderoso, inteligente, regio y soberano que fuera, llega el día que el tiempo lo debilita, la edad lo hunde, y, por consiguiente, los retoños que creó, ese pequeño zascandil que solía colocar sobre sus rodillas, que protegía y nutría, se convierte en un hombre que es más fuerte que su padre y está destinado a ocupar su sitio».[46] Según este enfoque, la abdicación de la autoridad es tanto una responsabilidad paterna como un rito de iniciación. Planteado de otra forma, el buen padre siempre debería estar preparando a su hijo para la batalla concluyente de la infancia, pero también debería estar dispuesto a aceptar su destino. Al fin y al cabo, un viejo sabio es aquel que ha aceptado que se ha convertido en un dirigente vencido.

Claramente, esta narrativa cala en nuestra concepción moderna de la relación entre padre e hijo. Piensa en los adolescentes que se rebelan contra sus mayores, cada vez más viejos. *Okay, boomer!* es el abismo generacional en su manifestación más esencial. Por lo tanto, también deberíamos reconocer el fetichismo por la innovación de la era industrial, y la obsesión estadounidense con la revolución política. Del mismo modo, esta historia arquetípica merodea en nuestra preocupación profesional y comercial por la alteración tecnológica, y se encuentra por la obcecación típica del consumismo capitalista por lo novedoso: siempre queremos los productos más nuevos, rápidos, atractivos y potentes. Deseamos cambiar nuestros bienes desfasados por sustitutos frescos y punteros, porque todos los héroes jóvenes deben, a la larga, sustituir a los padres y reyes ancianos: tenemos la expectativa de que lo insurgente se convertirá en lo institucional, y los márgenes en el centro. Desde luego esta es una inclinación natural y cíclica que exhibimos a veces los humanos, pero no siempre. La idea de que esta narración constituye un esquema psicológico que puede aplicarse universalmente –una ley esencial de la naturaleza humana que transciende los contextos culturales e históricos– proviene directamente de Freud. Aunque el Dr. Sigmund haya sido invalidado y desmentido científicamente, y muchos lo consideren desfasado, es innegable que todavía damos por sentada una cantidad asombrosa de sus teorías, especialmente en lo referente a las relaciones formativas entre los niños y sus padres. Tengamos en cuenta que existen muchos mitos primarios que cuentan una variedad de historias sobre padres e hijos (Abrahán e Isaac, Odiseo y Telémaco, Shiva y Ganesha) pero debido a que Freud escogió a Edipo, Campbell siguió a Freud, y Lucas siguió a Campbell, todavía entendemos el desarrollo infantil masculino a través de la perspectiva singular de la ascendencia homicida.

Por supuesto, Campbell y Lucas no son los únicos responsables. Hay un sinfín de influencias que preservan inconscientemente la autoridad de la teoría muy discutible de Freud. Sin embargo, si tenemos en cuenta la cantidad de niños que hoy en día fortalecen los lazos con sus padres sentados en el sofá viendo *Star Wars*, se convierte en un ejemplo especialmente contundente de cómo una narrativa concreta de patrilinaje consigue mantener su legitimidad como constructo psicológico. Demuestra de qué forma tan sutil la cultura popular es capaz de reforzar no solo las expectativas, sino también los imperativos morales para que los padres reproduzcan todos los elementos constituyentes de la masculinidad tóxica. Se espera que los padres sean geniudos, circunspectos y autoritarios. Raramente emotivos. Nunca vulnerables. En el fondo, están metidos en una batalla para la supervivencia, armados con pistolas bláster y sables láser. El hijo está destinado a destruir la Estrella de la Muerte (*Star Wars*). Es decir que la negligencia emocional es metafóricamente similar a dejar un bebé envuelto en una faja en el bosque para que muera (*Edipo rey*). No es solo un acto en defensa propia, sino también un firme mayordomazgo. ¡Papá simplemente está protegiendo a su clan: la madre y a la hija! Quizás desearía ser un modelo a seguir, una figura comprometida y cariñosa –lo que Campbell llamó «el sacerdote iniciador de la masculinidad»–, pero incluso así siguen siendo necesarias acciones de abandono y agresión paternal. El *amor duro* es necesario, supuestamente, para ayudar a los hijos a desarrollar la persistencia y tenacidad que les harán falta para prosperar en este mundo tan despiadado. ¿Por qué crees que Darth Vader le corta la mano a Luke Skywalker? La herida simboliza la creencia de que solo el dolor, el conflicto y la lesión pueden imprimir carácter. Los chicos deben desapegarse del pecho de sus madres, deben aprender a rechazar la dependencia y asumir un individualismo feroz. Solo de esta forma podrán convertirse en figuras paternas efectivas.

Esta narrativa freudiana de la masculinidad del héroe sigue ocupando un lugar privilegiado en nuestra forma de entender la psicología evolutiva, y no solo la de los chicos. Trasciende al género y la sexualidad. Piensa en la resistencia que se encuentran los llamados «hiperpadres», la preocupación de que los chavales mimados que van a la universidad no están aprendiendo bien a enfrentarse a ideas provocadoras, o la creencia de que solo aprendemos a través del fracaso. Todos estos ejemplos son muestras de nuestra adherencia a la idea de que la crianza normalmente asociada al cuidado de la madre puede afectar negativamente el proceso de crecimiento de un niño. ¡Nada de comérselo a besos! La dependencia debe convulsionarse planteando una realidad que es dura, fría y mitológicamente masculina. La maternidad equivale a abundancia; la paternidad, a escasez. Mamá demuestra un amor incondicional, Papá reprime su afecto. ¡Poco sorprende que la pediatra pensara que mi hijo recién nacido tenía hambre y estaba malnutrido! Dio por sentado, como hacemos muchos, que incluso si el buen padre quiere ser protector –es decir, si lo motiva el deseo de defender, custodiar, guiar e iniciar–, seguirá dándoles a sus hijos cierta dosis de antagonismo hostil, narcisista y supresor. Al fin y al cabo, para desarrollar agallas y resiliencia, el niño necesita una figura paterna que refleje la apatía e indiferencia del mundo real.

Este es el punto de vista duradero que suele adoptar el padre en lo referente a cómo preparar adecuadamente a su hijo para el futuro. Es un discurso que incorporamos a nuestras costumbres desde el principio. Piensa en las implicaciones simbólicas que supone pedirle al padre cortar el cordón umbilical en la sala de partos. Como escribe el cómico Michael Ian Black en su libro de 2020, una larga carta a su hijo: «Tu madre te había llevado con firmeza en su interior durante nueve meses, ¿y ahora mi primera labor como padre era separarte de ella? No quería hacerlo, pero tampoco quería negarme porque eso habría hecho –o eso pensé– que la doctora y las enfermeras cuestionaran mi virilidad».[47] Las conjeturas edípicas de Freud se han convertido en una dimensión rutinaria de la identidad de todo hombre que se convierte en padre, pero no tienen por qué estar en armonía con cómo él preferiría imaginarse a sí mismo, especialmente no en la cultura contemporánea, que parece hallarse rumbo a una cosmovisión pospatriarcal.

Si quieres ser un padre feminista, deberás estar dispuesto a cuestionar estas conjeturas que suelen darse por sentado y deberás reinventar tu persona paterna para construir una figura que no sea sexista.

Así es como siempre ha sido

Hay gente que cree que todas las civilizaciones son patriarcales, que el orden mismo de las cosas radica en la obediencia y la dominación, y que la jerarquía es inherentemente paterna. Para justificarlo quizás recurran al Nuevo Testamento (Mateo 6:9-13), cuando Jesús plantea la oración del Padre nuestro: *Padre nuestro, que estás en los cielos, santificado sea tu nombre*. Quizás recurran a la plegaria hebrea: *Padre nuestro, rey nuestro; Avinu Malkeinu* (וּנֵכְלַמ וּנִיבאָ), que se recita tradicionalmente en los Días Temibles del judaísmo. En las tradiciones religiones abrahámicas, Dios es el padre.[48] Habrá quien equipare las viejas escrituras a la historia de la humanidad para decir: «Así es como siempre ha sido. Los hombres deben llevar las riendas».

Siendo justos, a pesar de lo que algunas escritoras feministas querrían hacerte creer, no existen pruebas conclusivas de que en algún momento de la historia hubiera sociedades matriarcales puras; pero en realidad tampoco es que eso demuestre nada. ¿Por qué no? Pues porque tampoco existen pruebas conclusivas de la existencia de sociedades patriarcales puras. Cada cultura, a lo largo de la historia, ha hallado sus propias formas de conceptualizar el género. Las sociedades patriarcales del pasado no eran exactamente iguales que las nuestras. Alegar lo contrario equivaldría a extrapolar con excesiva libertad. La cultura siempre está en proceso de cambio. Sabemos que eso es cierto porque, incluso en la historia relativamente breve de Estados Unidos, hemos renegociado nuestras categorías de género en múltiples ocasiones. Los roles actuales de los hombres y las mujeres en nuestra sociedad laica se parecen poco a lo que hubiera esperado mi bisabuelo. El caso es que la situación no es de blanco y negro, de «una de dos». No hay una batalla que se esté librando eternamente entre el patriarcado y el matriarcado. No existe una competición entre hombres y mujeres para agenciarse la totalidad del poder y autoridad. Por lo tanto, no nos hacen falta pruebas de opuestos polarizados, porque sabemos que la realidad se distribuye a lo largo de un espectro. Además, incluso en aquellos puntos donde la misoginia sistémica organiza la civilización humana, las mujeres siguen siendo una parte integral de lo que significa ser un hombre. «Ser un hombre, antes que nada», escribe Matthew Gutmann, profesor de antropología de la Universidad de Brown, «significa no ser una mujer».[49] Dicho de otra forma, el género ha sido determinado a partir de contrastes y comparaciones que conllevan restricciones y permisos. Establecemos deberes espirituales, profesionales y parentales según proclamaciones no corroboradas sobre supuestas diferencias intrínsecas, y luego recurrimos a historias de origen ficticias para declarar que los viejos mitos son la prueba de una ley natural. Todo esto es logística y burocracia radicadas en la fe. Nunca sobreviven a un escrutinio científico o filosófico, y es por eso que las sociedades siempre están cambiando.

Para remachar el clavo, consideremos la ciencia de todo esto. Primero debemos entender la diferencia entre género y sexo. Género es la palabra que suele utilizarse para describir las características, rasgos y experiencias que se asocian a la identidad. Sexo es la palabra que se emplea para describir la anatomía biológica de la persona. Es una distinción útil para los académicos, teóricos y escritores que tratan cuestiones feministas y LGBITQ+.[50] Sin embargo, es deficiente y relativamente problemática, pero no por las razones que podrías pensar. Lo que es deficiente no es la idea de que existen identidades de género fluidas y no binarias. No, las categorías teóricas preservan –porque así fueron diseñadas– su integridad, incluso cuando se enfrentan a la incertidumbre subjetiva y la ambigüedad filosófica de la realidad. En vez de eso, lo que acaba desmoronándose, si lo sometemos a un examen riguroso, son las formas determinísticas con las que pretendemos encajonar fenómenos tangibles y naturales según categorizaciones simplistas. Dicho de otra forma, la ciencia revela que no hay una separación binaria clara y abarcadora cuando hablamos de sexo biológico.

Probablemente esta idea les chirríe a algunos lectores. Al fin y al cabo, ya desde muy pequeños nos enseñan que los chicos tienen penes y las chicas tienen vaginas. La diferencia salta a la vista, ¿no? Pues no siempre. Los investigadores estiman que una o dos de cada cien personas nacen intersexo; es decir, con una anatomía sexual o reproductiva que no puede caracterizarse recurriendo a criterios binarios simples.[51] Si no eres estadista, quizás pensarías que 1 % o 2 % significa que esta gente son casos atípicos, rarezas o anormalidades. Pues no. ¡Un 1 % o un 2 % es mucho! Es aproximadamente la misma cantidad de gente que nace con ojos verdes o pelo pelirrojo –y significativamente más que el porcentaje de padres que tenderán a comprar una Budweiser después de ver un único anuncio en la Super Bowl. ¿Consideramos que algunos colores de ojos o pelo son *condiciones médicas* o *aberraciones*? No. Sabemos que, si bien estas características no afectan al 98 % de la gente, representan variaciones naturales y esperables de la experiencia humana básica.

Por supuesto, quienes se resisten a la idea de un espectro fluido probablemente me acusarán de haber seleccionado los estudios de forma manipulativa, optando por aquellos que respaldan mi argumento. Y es cierto que la tasa de porcentaje de nacimientos intersexo es objeto de debate. Algunos investigadores creen que el número real es mucho menor al 1-2 %.[52] Señalan que, si solo consideráramos los genitales ambiguos, no superaría el 0,5 %. Las variaciones cromosómicas, hormonales y de otros tipos componen la diferencia, pero me parece que si los criterios utilizados para clasificar lo intersexo pueden disputarse tan fácilmente –si los expertos no están de acuerdo en cómo definir una categoría que desafía nuestras categorías–, entonces, su desavenencia es solo una indicación más de que una simple separación binaria no puede servirnos.

Para que quede más claro, fijémonos en la variación cromosómica.[53] Si tuviste clase de biología en el instituto, probablemente aprendiste que XX equivale a hembra y XY equivale a varón. ¿Sabías que hay solo un único gen (SRY) en el cromosoma Y que determina la anatomía reproductiva? SRY es una proteína que se amarra a regiones específicas del ADN, causando que el feto desarrolle testículos, y previniendo que desarrolle un útero y trompas de Falopio. Es decir que, si tienes el gen SRY, significa que genéticamente eres «varón» y supuestamente podrías ser padre; pero en algunas mutaciones –y hay muchas– el SRY no se comporta como sería de esperar.[54] El feto desarrolla órganos reproductivos femeninos a pesar de tener cromosomas típicamente masculinos. Del mismo modo, es posible que el gen SRY salte al cromosoma X, lo que conlleva el efecto opuesto: testículos sin un cromosoma Y.[55] Párate un momento a sopesar lo que significa esto: es posible nacer con los cromosomas culturalmente asociados al ser mujer, y la anatomía reproductiva que es necesaria para ser el padre biológico de un hijo.

Ahora pasemos a las hormonas. Todo el mundo conoce la testosterona. Nos dicen que es lo que provoca que los chicos estén cachondos, que sean agresivos, emprendedores y resueltos. Es por eso que los padres llevan las riendas, ¿no? Supuestamente, la testosterona es la esencia endocrina de la masculinidad, la homóloga masculina al estrógeno femenino. Estas hormonas en realidad no son exclusivas a un sexo o género. El estrógeno juega un papel crucial en el cuerpo masculino, incluso en el pene. Desempeña un importante papel en la función eréctil, la libido y la producción de esperma.[56] De la misma manera, la testosterona es clave para el funcionamiento sano de un cuerpo femenino: se produce en los ovarios, las glándulas suprarrenales, las células adiposas y las células que pigmentan la piel. Y si bien es cierto que los cuerpos típicamente considerados como hembra producen, de media, mucha menos testosterona que los cuerpos típicamente considerados como varones, esa pequeña cantidad puede tener efectos muy considerables.[57] Por otro lado, hay mujeres que cuentan con niveles excepcionalmente elevados de testosterona, al igual que algunos hombres tienen niveles excepcionalmente bajos. Por ejemplo, un estudio reciente mostró que «uno de cada seis deportistas hombres de élite tiene niveles de testosterona por debajo del campo de referencia normal».[58] Este es solo uno entre muchos estudios que han demostrado, de manera conclusiva, que las características culturalmente asociadas a la masculinidad y la feminidad no responden a una simple díada hormonal. Nuestras categorías de género y sexo en realidad no son más que fantasías, herramientas lingüísticas deficientes que empleamos para organizar el universo caótico de forma que nos resulte familiar y palpable. La verdad es mucho más complicada, algo que salta a la vista cuando tenemos en cuenta que es posible ser macho o hembra cromosómicamente, y no-binario hormonalmente.

¿Tienes la menor idea de cuál es tu nivel de testosterona? ¿O de cómo se distribuyen tus cromosomas? Yo no podría responder a ninguna de las dos preguntas y, sin embargo, decido identificarme como hombre. Utilizo el pronombre *él*. Esa es mi prerrogativa. No me hizo falta un test para demostrar que era cierto. Si lo hiciera, probablemente descubriría cosas que no sabía. Pero la posición privilegiada que ocupo en la sociedad me otorga el derecho a llamarme como quiera. Todo el mundo merece la posibilidad de tomar libremente su decisión, ¿no? Eso creo yo. También decido identificarme como padre. La pregunta que plantea este libro es la siguiente: ¿Qué significa eso realmente? Desde luego es indudable que yo produje el esperma que fertilizó los huevos que finalmente se convirtieron en los embriones de mis hijos.[59] Ahora me llaman papá, pero ¿qué tiene eso que ver con cómo me relaciono con ellos, cómo me imagino a mí mismo, qué papel decido interpretar en el día a día? Mi ira y agresividad matutinas, ¿están vinculadas a los niveles hormonales? ¿Son los cromosomas lo que me llevan a marcar la casilla «cabeza de familia» en la declaración de la renta? No. Los científicos ni siquiera pueden demostrar que el sexo biológico determina la identidad de género, menos incluso podría determinar las inclinaciones parentales.

Y, sin embargo, muchos de nosotros seguimos creyendo que el papel que debe desempeñar un padre es algo fijo e innato. Yo no. No me interesa el esencialismo de género, ya sea su versión biológica, ya sea la psicológica. Incluso rechazo la idea de que imágenes arquetípicas de masculinidad puedan transcender sus contextos culturales e históricos. A pesar de mi bagaje en psicología profunda jungiana, dudo que la antigua perspectiva mitopoética –que popularizó por primera vez el movimiento de hombres Iron John de Robert Bly en los ochenta y noventa– sea una solución apropiada para la crisis de identidad que asalta a los padres de hoy en día. Aquellos individuos que se identifican como hombres no deberían anclarse en *personas* genéricas y desfasadas. Es absurdo pretender actuar como guerreros, magos o casanovas.[60] Los chavales no tienen ninguna necesidad de endurecerse, erguirse,[61] o descubrir los atletas, alquimistas o donjuanes que hay en su interior. Los padres no tienen por qué ser tiranos, jueces, ejecutores u hombres santos.

Si quieres ser un padre feminista, debes aceptar que ha llegado la hora de reinventar la figura paterna para una nueva era. Antes de que podamos hacerlo, es necesario que reconozcamos cómo una serie de historias, imágenes y actitudes populares han hecho que convenciones arbitrarias nos parezcan hechos naturales de la vida. En una ocasión, Roland Barthes se refirió a esto como «el despliegue decorativo del ni-que-decir-tiene».[62] Al popular ensayista francés, que escribió sobre literatura y cultura pop en la segunda mitad del siglo xx, le fastidiaba la manera como ciertas estructuras acaban dando forma a nuestras aspiraciones solo porque las damos por sentado. Quiso poner de manifiesto cómo ciertos elementos de nuestra experiencia cotidiana afectan a nuestras suposiciones sobre quiénes podemos ser y cómo podemos imaginarnos a nosotros mismos. A esto Barthes lo llamaba «abuso ideológico».[63] Argumentaba que siempre que aceptamos ciegamente las cosas como si fueran ordinarias, normales o naturales, también apuntalamos una estructura social subjetiva, y, por lo tanto, debilitamos nuestro potencial para crear otras posibilidades. Dicho de otro modo, creía que las narrativas culturales fomentaban significados particulares a la vez que taponaban otros alternativos.

A lo largo de este libro, identificaré algunos de los discursos e imágenes que damos por sentado y que perfilan nuestras expectativas, y revelaré algunas de las alternativas. Espero poder ofrecer una imagen a la que aspirar, un nuevo tipo de figura paterna, una que sea menos paternalista, menos dominante, menos narcisista, y no necesariamente masculina. Es una imagen que se adecua mejor al momento cultural actual. Demuestra que hay otro tipo de rol paternal que los hombres pueden desempeñar en las vidas de sus hijos. También hay otro tipo de identidad parental que los papás pueden incorporar a su experiencia de maduración. He decidido utilizar el pronombre *él* cuando me refiero al «padre», porque así es como me veo a mí mismo, pero no es mi intención excluir a nadie que se identifique de otra manera.

La nueva figura paterna emprende su viaje reconociendo que no tiene por qué ser el más alto director ejecutivo de la familia –que la vida no tiene por qué ser experimentada como un cuento de hadas narcisista donde el patriarca siempre es el protagonista–. Papá no es un rey que espera ser destronado por el joven héroe en una competición épica para imponer su autoridad. No es un propietario acaudalado preocupado principalmente por cómo las líneas de patrilinaje afectarán la perpetuidad de su patrimonio. No es el encargado de custodiar la virginidad de su hija; el cuerpo y desarrollo psicosexual de la chica no están dentro del ámbito en el cual deba ejercer su autoridad. Finalmente, no debe verse a sí mismo como alguien que impone una disciplina férrea, o como alguien que pueda arreglarlo todo, porque no todo tiene que repararse y solucionarse. En vez de ello, el liderazgo paternal puede ser responsivo y participativo. Papá puede aceptar que todos y cada uno de nosotros somos simplemente los narradores poco fiables de nuestros propios cuentos de hadas.[64] No hay una única historia que sea más importante que las otras. Un padre desde luego podría ser el protagonista de su propio mito, pero sabe que también es el villano de alguien, y el mentor de otro. Por lo tanto, no debería sorprenderse, sentirse dolido o resistirse cuando descubre que le han dado papeles que no tenía pensado interpretar. Su principal deber consiste en desempeñar bien esos roles.

Segunda parte
Padre nuestro, rey nuestro

DOMINGO, 2:25 P.M.: Unas gotas de agua grandes y pesadas arremeten contra las ventanas. Las tormentas de verdad suenan mucho más auténticas que el ruido blanco que suelo reproducir por Internet.

Una vez tuve un estudiante en cuya presentación de PowerPoint© de mitad de trimestre se autodenominaba como un «pluviófilo», una persona a quien le encanta la lluvia. Creo que no es una palabra de verdad. Al salir de clase, mientras atravesaba el campus con mis pulgares picoteando el *smartphone*, la busqué por la red. Había un puñado de *blogslistículos* semisatíricos y unos pocos videos de YouTube que empleaban el término, pero no pude encontrar nada en el diccionario de inglés de Oxford que vinculara *pluvial* (relacionado con la lluvia) con *philia* (amor, afecto, o cariño). Sin embargo, me gusta tanto la palabra como el sentimiento que evoca. Los tronidos de relámpagos nunca me han azorado. Incluso cuando era pequeño, la lluvia me resultaba tranquila, serena y dichosa. Ahora que he llegado a la mediana edad, no hay mejor ambiente para acurrucarse en el sofá y leer una novela.

Hoy estoy empuñando el nuevo libro de una antigua compañera de universidad.[65] No he hablado con ella en estos últimos años, pero respondemos regularmente a las publicaciones de cada uno en los medios sociales. En una ocasión creó una serie de *selfies* de viaje donde un peluche, un elefante llamado Titus, la acompañaba de vacaciones por Italia, –subiéndose en góndolas, comiendo risotto, paseándose por la Villa Borghese–. Sus actualizaciones de estado me hacen reír. Le dejo un pulgar hacia arriba, un corazón, una cara sonriente. Parece que ella hace lo mismo con lo que cuelgo yo. Desgraciadamente, me está costando avanzar por cada párrafo de su novela. Tengo la sensación de que he leído la misma frase diecinueve veces –las mismas frases, las mismas palabras, las mismas bromas–. No es su culpa. Su prosa es incisiva; como autora, su talento es innegable. Leo todo lo que publica. El problema es mi hijo pequeño. No deja de estorbarme.

«Papá, ¿puedo preguntarte algo?», irrumpe en la habitación cada pocos minutos. «¿Te puedo contar lo que sucedió en el videojuego?», me coge del brazo, tirando y sacudiéndome: «¿Oye, sabes por qué el wifi va *tan* lento?».

Al principio, intento razonar con él, «venga, tío, ¿podrías dejarme media hora tranquilo? Estoy intentando leer algo».

Se marcha deambulando por el pasillo, ensuciando con las puntas de los dedos la pintura de la pared, hasta que gira por la esquina y se pierde en su habitación. Coloco bien el cojín detrás de mi cabeza, tiro para arriba la manta de lana de cordero, para cubrirme las piernas desnudas, y leo media página más antes de que vuelva a estar ahí mirándome.

«Papá, ¿qué hay para cenar?».

Pierdo la paciencia. «*¿¡¿Me estás tomando el pelo?!?*».

Sube el volumen de mi voz: vomito una larga y fuerte diatriba sobre cuánta energía y tiempo le dedico a él y a su hermano. Soy un mártir, maldita sea. ¿Acaso no me merezco, de vez en cuando, una perezosa tarde de lluvia sin interrupciones? ¿Qué es lo que has hecho *tú* para contribuir al hogar hoy? ¿Por qué no te vas y limpias tu habitación? ¿Por qué no friegas los váteres, doblas la ropa, preparas la cena? ¡Cuando tenía tu edad, mi padre me imponía tareas domésticas *duras*!

Mi hijo pone los ojos en blanco y se va mascullando. Solo oigo una palabra: abusón.

Últimamente se ha quejado de que chillo demasiado, pero eso me hace gritar incluso más fuerte. Hiere mi ego y pone en cuestión mi autoridad. Se supone que yo soy quien conoce las mejores prácticas, especialmente en lo referente a la crianza de hijos. Quiero ser el árbitro del liderazgo moral. Me fastidia que un preadolescente ponga en evidencia mis deficiencias egoístas. En esas ocasiones –las mejillas al rojo vivo, gotas de sudor formándose en el cogote, las manos temblando ligeramente– me acuerdo de Zeus, el dios de la mitología griega. Suele ser representado como una figura autoritaria. Intimida a su mujer, Hera, y a sus hijos.[66] En una de las historias, su hijo Hefesto intenta intervenir en una trifulca conyugal de sus padres, y a Zeus se le va la pinza. Coge el chaval por el tobillo y lo arroja de lo alto del Monte Olimpo. Hefesto se precipita durante un día entero, hasta que aterriza en la isla de Lemnos.

Mi hijo se recupera de mis berrinches igual que Hefesto se recupera de su caída. Por supuesto, Hefesto es inmortal, pero no es impermeable a lesiones permanentes. Su cuerpo ha quedado desfigurado. Anda con una cojera, condenado a renguear por toda la eternidad. La historia puede interpretarse como una metáfora de cómo las acciones autoritarias menores de una figura paterna humana pueden causar un daño emocional duradero. Nos enseña que las lecciones de «amor duro» que intentamos impartir a nuestros hijos no funcionan; hieren. Es por eso que Hefesto acaba instalándose en las entrañas de un volcán, para forjar los mismísimos rayos que el célebre Zeus arroja con furia. Es todo muy simbólico. Parecería que el hijo está contento, pero vive un destino trágico. Fabrica objetos de artesanía sin igual: las armaduras y equipamientos de dioses y héroes. Su maestría en la forja es tan compleja que Homero dedica 150 versos de la *Ilíada* a describir el escudo de Aquiles: «pesado y enorme, cada pulgada diseñada intrincadamente… reluciente como un relámpago».[67] Como muchos *workahólicos* modernos, Hefesto siempre está intentando demostrar su valía; su laboriosidad y dedicación están vinculadas al trauma que sufrió en manos de un padre furioso.

Ahora me estoy imaginando a mi hijo en el futuro, ya adulto, cojeando silenciosamente por un edificio de oficinas o una fábrica, intentando ganarse mi aprobación. Esa imagen me parte el corazón. Dejo el libro y le presto mi completa atención. Hay gente que pensará que es una decisión equivocada. Ven la historia de Hefesto, así como otros ejemplos de la conducta tiránica de Zeus, como una validación de la autoridad que los padres humanos a menudo imponen sobre sus familias. Alegan que las acciones de Zeus son una prueba de que el poder patriarcal absoluto es una fuerza esencial y arquetípica que ha estado asociada a la paternidad y la masculinidad desde tiempos inmemoriales. Ven la mitología griega como clara evidencia de que el padre debería ser alguien que impone una férrea disciplina. Pero se equivocan. Para empezar, los precedentes mitológicos no son ejemplos a seguir, y menos aún deberíamos recurrir a ellos para justificar comportamientos modernos. Es más, esta perspectiva implica una interpretación sesgada de los rayos abusones de Zeus. Tenemos que estar alerta a este tipo de interpretaciones, que superponen la lógica del monoteísmo eurocéntrico en el politeísmo helénico. No tiene sentido apropiarse a la ligera de artefactos antiguos de un sistema religioso pretérito para validar las inclinaciones patriarcales de otro.

Zeus y sus rayos no demuestran que la dominación patriarcal *masculina* es una parte legítima y natural de la experiencia humana. El panteón griego no ejemplifica este tipo de monarquía singular. «Zeus se postula a sí mismo por encima de todos los otros dioses, porque la idea arquetípica de la unidad se presenta a sí misma como primera, superior, progenitora», escribió James Hillman, psicólogo arquetipal estadounidense. «Pero Zeus no deja de ser uno entre otros iguales».[68] Cada uno de los olímpicos inmortales goza de su propia soberanía particular. Cada uno tiene su propia meta, su propio tono energético, su propio ámbito de poder. Zeus es la deidad que demuestra –a veces– una propensión por la fuerza tiránica. Él se ve a sí mismo como el líder autocrático de los dioses, pero los antiguos humanos que escribieron sus historias no lo veían así.

En esos textos, no existe ninguna competición para ascender en el escalafón de la estructura corporativa del Olimpo; ningún otro dios disputa el mandato de Zeus, pero no hay nada que lo aterrorice más que la ascendencia homicida. Es por eso que siempre está defendiendo su estatus. En este sentido, me recuerda a una figura tan estereotipada como la de un banquero de Wall Street de baja categoría vistiendo un traje hecho a medida demasiado lustroso y una luminosa corbata de seda color granadina, jactándose de sus logros de macho alfa que los demás consideramos anodinos. De la misma manera, el resto de dioses olímpicos no se interesan mucho por la dominación de Zeus. Están demasiado ocupados hallando formas alternativas de poder. Saben que la voluntad ejecutiva no siempre es lo que acaba imponiéndose. De hecho, hay muchos mitos en los que la obsesión narcisista de Zeus por la fuerza autocrática se convierte en su defecto fatal. A veces Atenea lo torea con su astucia, mientras que Afrodita lo seduce. Todo indica que Zeus no es un ejemplo a seguir, los humanos no deberían tomarlo como modelo de buen comportamiento. Los antiguos griegos no pegaban a sus carros adhesivos que rezasen «¿QUÉ HARÍA ZEUS?».

No, es una figura admonitoria, un símbolo que nos advierte de cuán peligroso puede ser ejercer exclusivamente el poder de lanzar rayos.

No es que debamos deshacernos por completo de los relámpagos. En el fondo, para un pluviófilo, son dichosos y serenos. El vietnamita Thich Nhat Hanh, popular monje budista thiền, los evoca cuando habla del poder de escuchar tranquila y compasivamente: «Hay momentos que el silencio es la verdad, y a eso se le llama "silencio atronador"».[69] Claramente hay cualidades tanto positivas como negativas asociadas a los relámpagos. Si quieres ser un padre feminista, deberás identificar las cosas buenas y recelar de las malas.

Desde una perspectiva mitopoética, los relámpagos pueden representar nuestra capacidad de tomar decisiones concretas e incisivas. Los rayos de Zeus podrían ser una metáfora para acciones potentes, claras y resueltas. Es un líder, un ejecutivo que puede identificar problemas y solucionarlos rápidamente. No llegues a la conclusión, por favor, de que estos rasgos positivos son virtudes congénitas de la masculinidad o la paternidad. Los antiguos griegos veían estos atributos de Zeus como una elección universal –a veces necesaria e inevitable–, pero no creían que fueran predisposiciones exclusivas a categorías concretas de personas. Desde luego, Zeus favorecía a algunos héroes más que a otros, pero la mayoría de las veces su favor conllevaba tragedias.

Recordemos que los antiguos griegos tenían muchos dioses, y se consideraba cuestionable dar o recibir demasiada atención de alguno de los inmortales en concreto. Era visto como una maldición. En la época moderna, los psicólogos arquetipales conceptualizan este problema como la *falacia del ego.*[70] Es lo que sucede cuando nos identificamos en exceso con una única figura mitológica. Tengamos en cuenta que en el pensamiento jungiano clásico, cada personaje mitológico representa una perspectiva cognitiva o temperamento emocional distintos. Las historias describen cómo distintas energías o complejos psicológicos interactúan entre ellos. Como los *sprites* coloridos de *Inside Out* (2015), la película de animación de Disney Pixar, las figuras mitológicas son personificaciones de impulsos internos, complejos, estados anímicos y tendencias mentales. Planteado así, una de las lecciones que podemos sacar de este tipo de interpretación de los antiguos mitos griegos es que es peligroso escuchar demasiado, o demasiado poco, una única voz.

Para llegar a un bienestar psicológico es necesario que las fuerzas internas cooperen, que tomen decisiones en consenso, que estén representadas por igual. La falacia del ego es lo que sucede cuando una voz interior predomina sobre las otras, cuando determina por sí sola la identidad del individuo. «Esta identificación no solo "egoiza" una de las figuras de un mito», escribe Michael Vannoy Adams, profesor de la NYU y analista jungiano, «sino que también tiende a normalizar esa figura a la vez que patologizar las otras».[71] Lo que quiere decir es que esa falacia nos invita a creer que hay un conjunto de actitudes y comportamientos que es correcto y apropiado, mientras que todas las posibles divergencias de ese conjunto son incorrectas e inapropiadas. Traslademos esta lección al contexto de las figuras paternas. Nos muestra que una parte importante de convertirse en un padre feminista es aprender a evitar las falacias del ego. Ten cuidado de no identificarte en demasía con ciertas expresiones de la típica *persona* paterna. No aspires a personificar una imagen singular, abarcadora, absoluta e inmutable de la figura paterna. Eso sería, precisamente, la autocracia de la falacia del ego.

La autoridad patriarcal *masculina* –guarnecida con violencia, relámpagos y deseos de dominación– no es algo universal e innato, y las alternativas potenciales no tienen nada de patológico. Esa es la falacia que la gente quiere prolongar cuando dicen cosas como «a un niño le hace falta una influencia masculina potente en su vida». Quieren hacernos creer que para lograr un desarrollo sano se necesita una fuerza paternal tóxica, que cualquier actitud que no sea ortodoxa acabará dañando a nuestros hijos. Un padre feminista sabe que eso no es verdad. Puedes –y deberías– tomar decisiones distintas. Debes saber que puedes ser un líder, un jefe, incluso alguien que imparta disciplina de vez en cuando; pero no deberías serlo siempre. Evalúa las situaciones específicas en las que te encuentres, analiza el contexto y convoca la deidad, inclinación, o voz interior que se adecúe más al asunto que tengas entre manos. Dicho de otra forma: debes saber cómo responder a cada situación.

Que así sea

Si quieres ser un padre feminista, deberás dejar atrás la noción singular de la autoridad masculina y patriarcal, y sustituirla por el concepto multidimensional y polivalente de la responsabilidad humanística exenta de género. Para entender lo que esto conlleva, primero debemos analizar las diferencias básicas entre la autoridad y la responsabilidad.

La autoridad gira en torno al poder; la responsabilidad gira en torno al deber. La autoridad suele ser contundente y coercitiva; la responsabilidad, como apunta el célebre gurú de la autoayuda Stephen Covey, implica justo lo que indica su nombre: tener la habilidad de responder.[72] Un padre no debería ejercer autoridad sobre su familia, sino que debería tener la habilidad de responder a ella.

Todos los estudios muestran que abordar la crianza desde un enfoque empático y centrado en los niños es más efectivo que imponer un régimen férreo y disciplinario. Todo lo que hayas escuchado sobre mentalidad fija contra mentalidad de crecimiento, motivación intrínseca contra motivación extrínseca, y refuerzo negativo contra refuerzo positivo apunta en esta dirección. Las zanahorias funcionan mejor que los palos. Los azotes causan más mal que bien. La vergüenza genera traumas psicológicos duraderos. Castigos como los encierros o aislamientos son efectivos solo como intervenciones puntuales, no como forma de fomentar un cambio conductual a largo plazo. Los viejos métodos de crianza radicados en infundir miedo no funcionan. Tú y yo salimos bien parados a pesar de regaños constantes y bofetones esporádicos, pero no gracias a ellos. No todo el mundo corrió la misma suerte. Es hora de que los padres dejen de escoger por defecto la fuerza física y la coerción emocional y adopten una actitud más empática. El reto principal consiste en dejar atrás el estilo paternalista de aconsejar que consiste en que «papá sabe lo que es mejor para ti». Los padres debemos reconocer que a veces nuestra forma de dar consejos minusvalora la autonomía de los niños, y transmite mensajes erróneos sobre la competencia y la pericia. En vez de ello, debes estar atento, observar, escuchar y respaldar el viaje particular de tu hijo. Ser responsable implica canalizar habilidades creativas de resolución de problemas, humildad intelectual y una concepción fluida de la madurez, así como comprometerte a aprender durante toda tu vida.

Pero ser un padre feminista implica mucho más que emplear técnicas para motivar a tus hijos. También es necesario que modifiques tu mentalidad, y te acerques a la identidad paterna desde una perspectiva antisexista. Alejarse de los patrones mentales típicos del patriarcado, ¿cómo podría convertir a los hombres en mejores figuras paternas? La pregunta transciende al discurso manido sobre cómo ser un buen hombre. Sí, es cierto que rebajar los abusos paternales equivale a rebajar la masculinidad tóxica, pero la transición de autoridad a responsabilidad no es tan simple como un puñado de términos de moda típicas y diagnósticos dignos de *hashtag*. También tenemos que aceptar que una adherencia normalizada a la fuerza coercitiva impregna, de manera sutil, gran parte de nuestro pensamiento. Debemos despojarnos de ella, pero hacerlo es complicado porque, como explicaré en las páginas que siguen, admiramos tanto la mentalidad patriarcal que acaba intoxicando los puntos de vista que solemos considerar amables, compasivos y transformativos. Por lo tanto, incluso cuando intentamos hacer lo correcto, a menudo, damos pasos en falso.

En el transcurso de nuestras vidas del día a día, nuestra concepción básica del yo individual se erige sobre una profunda admiración por las personalidades de rasgos autoritarios. Plaga los libros de psicología popular, autoayuda y productividad, y básicamente determina cómo nos planteamos nuestra voluntad, autonomía y desarrollo personal. Y eso es un grave problema, porque significa que los padres están recibiendo mensajes incongruentes. A los padres de hoy en día se les dice –incluso en este libro– que tienen la obligación moral y ética de abandonar el estoicismo sexista del padre televisivo de los años cincuenta. Despídete del simbolismo edípico de la ascendencia homicida; rechaza la imagen de virilidad madura por ser comedida e impenetrable; y detén el continuo despliegue inconsciente –y a veces consciente– de la homofobia y misoginia. ¡Todo esto está la mar de bien! El problema es que, simultáneamente, los padres son bombardeados con otro tipo de retórica sutil y codificada. Está en la televisión y el Internet, en la escuela y en el trabajo, en las revistas y en las vallas publicitarias. La cultura pop festeja continuamente la idea de que todo el mundo, independientemente del género, debe encarnar los patrones de la autoridad paterna de la vieja escuela. ¡Arroja rayos! Así es como triunfarás.

Piensa en cómo solemos aplaudir la conducta tiránica de emprendedores populares. Por ejemplo, Steve Jobs. Lo llamamos visionario y exaltamos su persistencia dictatorial, compromiso inquebrantable y resistencia feroz a las opiniones contrarias. Ver con buenos ojos la autoridad depredadora no se limita al mundo corporativo. Tiene su equivalente en la admiración que nos despiertan los deportistas duros de pelar. Recordemos el defensa superestrella del fútbol americano Dick Butkus («cada vez que te golpeaba, intentaba mandarte al cementerio, no al hospital»[73]), la leyenda del tenis John McEnroe (lo multaban y expulsaban de partidos continuamente por el lenguaje rabioso y malsonante que utilizaba cuando se quejaba de las decisiones del árbitro), o el icónico jugador de hockey Bobby Clarke (su infame arremetida contra el tobillo del jugador soviético Valeri Kharlamov en un campeonato de 1972 habla por sí misma). Muchos famosos, músicos, políticos y empresarios exhiben las mismas actitudes. A menudo, la gente intenta justificar este tipo de conductas recurriendo al concepto *la ley del más fuerte*. Alegan que esa tendencia a querer dominar es una inevitabilidad biológica, pero como explica la autora Emily Willingham: «La psicología evolutiva, cuando se complementa con la doctrina falsa de que la evolución radica en el "ganar", ofrece la tapadera perfecta para esos aspirantes, y les aporta herramienta perfecta para perpetuarse como *ganadores*».[74] No es más que dogma y retórica. La verdad es que la reproducción próspera –a saber, la transmisión de ADN según la teoría darwiniana– sigue una lógica muy parecida a la de la crianza: los mejores resultados tienen mucho más que ver con la adaptabilidad que con la autoridad o la fuerza.

Claramente, nuestra veneración perenne por la victoria al estilo «todo-vale» o «el-fin-justifica-los-medios» contradice los mensajes antipatriarcales que deberían determinar los criterios para ser un buen padre hoy en día. Esta ambigüedad lleva a los padres bienintencionados por el camino de la frustración y el fracaso. Todos sus intentos por alterar las posturas patriarcales arraigadas en la conciencia desembocan en confusión. ¿Por qué? Porque incluso aquellos que son capaces de evitar los comportamientos y actitudes típicamente asociados con la masculinidad tóxica seguirán adhiriéndose a una definición de autonomía y voluntad que es intrínsecamente violenta y dominante. Peor aún, dado que la mayoría apenas reconoce estas incongruidades intrínsecas, a los padres les falta el vocabulario necesario para resolver proactivamente esas tensiones; así pues, consideremos el dilema de la figura paterna más detalladamente.

Cada vez es más habitual que críticos, periodistas, académicos y autores diversos denuncien los mensajes patriarcales más problemáticos, pero la veneración elusiva por ciertas características psicológicas de la fuerza paterna sigue pasando desapercibida en la mayoría de los casos. Para descubrirla, debemos empezar fijándonos en la definición de *autoridad*. La palabra significa, literalmente, que la persona tiene derecho a ser autora. Sé que no es como la utilizamos normalmente. Por lo general, la autoridad es un concepto que nos evoca poder y obediencia. Nos la imaginamos como una especie de fuerza: la acción de dar órdenes o conseguir la sumisión de otros. Quizás te imagines al general de un ejército, un entrenador encolerizado, o un profesor estricto. Incluso estos ejemplos están vinculados a la autoría; y no solo en el sentido de que consideramos que un escritor es «una autoridad» en su materia. Fijémonos en la historia de la palabra *autoridad*. La connotación jerárquica que conocemos proviene de la Europa del siglo XII, coincidiendo con la época que los humanos inventaron el molino (luego volveré a este tema). Por entonces, la autoridad hacía referencia a la idea de que algunos libros o fragmentos de texto –normalmente las sagradas escrituras– eran autoritativos. Es decir, supuestamente las había escrito Dios mismo. Él era el autor y, por lo tanto, las palabras de la página dictaban verdades manifiestas e irrefutables sobre todo lo que se encuentra bajo el sol.[75]

Las vidas de la gente se organizaban en torno a las imágenes y situaciones presentadas en los capítulos divinos: sus versos, frases y estrofas. Sí, a menudo era necesaria una interpretación –que recibe el nombre técnico de *exégesis bíblica*– pero después de esto, se esperaba que todo el mundo siguiera al pie de la letra los predicados divinos. En la mayoría de casos, la gente lo hacía de buena gana, pero ¿ por qué? Desde luego no es porque los campesinos medievales fueran más obedientes que la gente corriente de hoy en día; tampoco eran más estúpidos, más pánfilos o menos subversivos. No, el caso es que la gente que vivió antes de la Ilustración pensaba que contradecir la autoridad bíblica equivalía a quebrantar una ley de la naturaleza. Para ellos, la doctrina religiosa no era una mera sugerencia. No la percibían como lo hacemos la mayoría de nosotros en el mundo secularizado, como si fuera otra propuesta más de cómo llevar una vida moralmente correcta. En vez de ello, la gente acataba las reglas porque los textos religiosos autoritativos afirmaban describir verdades fundamentales sobre el universo.

En lo referente a la autoridad bíblica en el siglo XII, la no conformidad a las palabras de las escrituras constituía una aberración existencial, un crimen contra la naturaleza del ser. Para un auténtico creyente que viviera en esa época, una divergencia respecto a las palabras dictadas por Dios era equivalente a como tú o yo –o cualquier individuo de nuestra época– nos sentiríamos si nos topáramos con un cántaro que no estuviera sujeto a la fuerza de la gravedad. Imagínate que estás caminando por un sendero y te encuentras con un gran pedazo de lapislázuli color azulón. Está misteriosamente suspendido en el aire, levitando un metro y medio por encima del suelo. Inquietante. Desconcertante. Extraño. Probablemente no lo considerarías satánico o maligno, pero desde luego su presencia te resultaría desorientadora o desestabilizante. Sospecho que, antes de renunciar a todo lo que aprendiste en la clase de física del instituto, primero intentarías llegar a una explicación racional de por qué este objeto en concreto no se ciñe a las normas conocidas y habituales.[76] Quizás haya una fuerza magnética. Quizás tan solo es una ilusión óptica. Lo más probable es que no sea una nave espacial procedente de otra galaxia, ni un orbe profético que Zeus ha enviado desde el Olimpo como mensaje. Te negarías a descartar las verdades fundamentales de tu cosmovisión científica, incluso cuando te hallaras ante algo que las contradijera descaradamente.

Cuando leas la palabra *autorizar*, recuerda ese gran cántaro azul, las verdades que aceptarías de buena gana, y los puntos de vista alternativos que te negarías a considerar. Autorizar no siempre significó dar permiso; primero significó dar fe de la verdad del universo. El poder de autorizar algo equivalía al poder de dictar la realidad misma. Estaba en manos de los monarcas, los dirigentes y el clero, es decir, los patriarcas. Para nosotros, que vivimos en una época donde la realidad suele demostrarse empíricamente, podría parecer desfasado y loco que antaño alguien pudiera simplemente anunciar la verdad y que todo el mundo lo aceptara; pero la autoridad sigue funcionando del mismo modo en varios sentidos, y no solo en las bocas de los pretendientes a autócratas políticos. Quisiera evocar la imagen de Patrick Stewart como el Capitán Jean-Luc Picard en *Star Trek: La nueva generación*. Cuando ordena, de forma autoritativa, la propulsión por curvatura de la nave *Enterprise*, señala con el dedo y pronuncia su famosa frase, «*Make it so!*» («¡Que así sea!»). No solo está autorizando la utilización de una tecnología potentísima, sino también declarando su poder de dictar la realidad, a hacer que algo *sea*.

Picard es una figura paterna. Toda la compañía de la nave lo respeta. La tripulación del *Enterprise* es como una gran familia, y Jean-Luc preside la mesa proverbial del comedor. Su coletilla guionizada refuerza esta realidad paterna, pero ¿sabías que la expresión que utiliza no es una invención de *Star Trek*? Durante siglos, los oficiales navales británicos solían dar órdenes exclamando «*Make it so!*». Sospecho que se inspira en el libro del Génesis. Dios habla, ordenando que el agua se separe del cielo, el océano de la tierra, la noche de la mañana, siempre con el mismo dicho: «Y así sucedió».[77] El Santo Padre así lo hizo, y sus acciones devinieron muestras de autoridad patriarcal tradicional.

Ten en cuenta que la frase «que así sea» articula de manera sintética las suposiciones subyacentes que definen el poder coercitivo: un progenitor superior tiene derecho a autorizar la realidad, a declarar la verdad, tasar la valía, imponer un significado, y compeler a otros a ceñirse a sus criterios. Además, remarca un fenómeno que transciende la cuestión de cómo nos imaginamos las figuras paternas; también tiene que ver con la percepción predominante de qué es lo que significa que cualquiera (sea del género que sea) se considere un individuo maduro y autónomo. La palabra *autonomía* comparte la misma raíz que *autoridad* (αὐτός/*autos;* el «yo»). Hace referencia a la libertad personal o voluntad propia, pero normalmente utilizamos el término para referirnos a la independencia psicológica, sirviéndonos de una idea articulada por primera vez por el filósofo Immanuel Kant (1724-1804). Tus acciones y decisiones, ¿las determinas tú mismo, o las condicionan fuerzas externas como la presión social, la publicidad, la doctrina religiosa, las normativas gubernamentales o las expectativas parentales? Según Kant, no eres autónomo a no ser que estés exento de influencias externas. Nuestra forma actual de conceptualizar la autonomía sigue basándose en las ideas de Kant.[78] Piensa que la mayoría de nosotros creemos que tenemos un yo verdadero. Todos nos imaginamos, de una manera u otra, la presencia de una voz interior pura que puede –y debería– determinar la verdad. Dicho de otra forma: creemos que cada individuo debería tener la libertad de formular perspectivas subjetivas de la realidad que cuadren con quienes son en el núcleo de su ser. Te sonarán algunos memes de las redes sociales: «¡Nos invitan constantemente a ser quienes somos! No puedes cambiar lo que sucede a tu alrededor hasta que cambies lo que sucede en tu interior. No seas como la mayoría de la gente».

Desde esta perspectiva, estar sano equivale a ser capaz de identificar tu deseo propio y singular, y sentirte realizado equivale a contar con el poder de hacer «que así sea». El problema –si quieres ser un padre feminista– es que esta forma de conceptualizar la autonomía radica en una *autoridad patriarcal narcisista*.

Autoridad patriarcal narcisista

Érase una vez un viejo padre que tenía tres hijos. El papá está enfermo, quizás incluso se esté muriendo. Quizás ha tenido un sueño profético. Convoca a sus hijos.

¿Cuántos de los cuentos folclóricos que tan bien conocemos empiezan así? Por lo menos cincuenta o sesenta, solo en la colección de los hermanos Grimm.[79] El tema de los tres hijos tiene un algo especial que lo hizo particularmente popular entre los cuentacuentos de generaciones anteriores. Y ese algo tiene que ver con cómo conceptualizaban la autoridad del padre. Como verás, su perspectiva ha influenciado en cómo nos planteamos la autonomía psicológica hoy en día. Fijaos que el padre siempre es el epicentro de estos cuentos de hadas. Puede parecer que son relatos sobre tres chicos, porque papá se pasa la narración entera en su lecho de muerte, pero en realidad él es el autor de toda la aventura. Igual que el monomito de Joseph Campbell parece girar en torno al héroe, pero en realidad trata de cómo un hijo ocupa su debido lugar como figura paterna. Tanto el viaje del héroe como el tropo de los tres hijos se centran en la propiedad, el legado, el poder y la identidad, y por lo tanto son relatos sobre la autoridad patriarcal narcisista.

Defino la autoridad patriarcal narcisista como la creencia generalmente aceptada de que los padres tienen derecho a determinar la realidad que repercute en quienes le rodean. La vida del padre es la originaria, la que escribe la historia, la que formula la verdad. Por lo tanto, sus interpretaciones subjetivas dan forma a las experiencias psicológicas y somáticas del resto de la gente. Por supuesto, la autoridad patriarcal de papá no siempre es explícita. Las personas que lo rodean podrían tener la sensación de que están tomando decisiones autónomas. El padre incluso podría tomarse la molestia de animar a los miembros de su familia a ser independientes y sentirse empoderados. No obstante, implícitamente, la situación siempre se decanta hacia papá. Él no responde a las circunstancias; las dicta. Como el Dios del Antiguo Testamento, decide qué se inscribe en el libro de la vida de su familia. Lo autoriza todo, y su derecho a hacerlo no solo se halla en el tuétano de su identidad, sino que también está incorporado a nuestras conjeturas culturales sobre la organización *adecuada* del hogar.

Como argumentó en cierta ocasión Friedrich Engels, la autoridad patriarcal y la propiedad privada fueron lo que motivó la emergencia de las parejas monógamas y las convenciones independientes de crianza de hijos que han acompañado este modelo de organización doméstica desde su inicio. Engels señaló que el significado original de la palabra «familia» no implicaba afecto, compromiso o sentimentalismo. «*Famulus* significa esclavo doméstico, y *familia* es la cantidad total de esclavos que pertenecen a un hombre».[80] Nada que ver con las afinidades leales y el amor incondicional que suelen ensalzar nuestras *sitcoms* contemporáneas, pero cuadra perfectamente con las historias para antes de dormir que contamos a nuestros hijos.

El cuento de los hermanos Grimm «Las tres plumas» empieza así: «Cuando el rey era ya viejo y débil, y pensaba en la llegada de su fin, no sabía cuál de sus hijos debería heredar el reino».[81] ¿Debería ser el mayor? ¿El sabio? Es inteligente porque lee los libros correctos. Es racional. Entiende los matices del arte de gobernar, de la ley y el orden. No lo seducen con facilidad las fantasías idealistas, pero el rey sabe que la prudencia de su hijo mayor también podría ser un lastre. El sabio tiene una aversión excesiva al riesgo; tiene miedo al cambio, es conservador, inflexible. Es posible que esta no sea la mejor cualidad que pudiera ostentar un monarca. Quizás el hijo mediano sea la mejor opción. Es el astuto. Se le da bien el dinero, sabe invertir, es un oportunista nato. Sabe cómo cubrir sus apuestas, sin duda el reino expandiría su territorio y riquezas bajo su mandato. Pero el padre vacila, porque reconoce que el hijo astuto a veces puede actuar de forma demasiado impetuosa, le puede el orgullo, y no es lo suficientemente compasivo de cara a los campesinos. Y por si eso fuera poco, el rey tampoco quiere descartar a su hijo menor, por el que siempre ha sentido especial afinidad. El hijo menor es distinto a los otros; es la oveja negra, el patito feo, un forastero. Obcecadamente único. Es una persona tan inconformista que apenas habla con otra gente. Dependiendo de cómo se mire, esto puede significar que es alguien creativo y solitario, o estúpido y socialmente inepto. Por lo tanto, en sus peores días, el padre descarta a su tercer hijo, concluyendo que es un simple bobalicón. La psicóloga suiza Marie-Louise von Franz se refirió a este personaje arquetípico como el *Dummling*[82] (el Bobo).

Von Franz es una de las analistas jungianas más importantes de todos los tiempos; trabajó codo con codo junto al mismísimo Carl Jung. Es célebre por sus libros y lecciones sobre el simbolismo psicológico de los cuentos de hadas. No los veía como trivialidades del parvulario. Por el contrario, los interpretaba como si fueran los sueños colectivos de la

Europa medieval. «Los cuentos de hadas», escribió, «son la expresión más simple y pura de los procesos psíquicos inconscientes colectivos». Aseveró que, puesto que los cuentos populares manan a lo largo del tiempo –se narran casualmente a los niños en el hogar– son una especie de artefacto psicológico espontáneo y desinhibido. «Representan los arquetipos en su forma más simple, desnuda y concisa».[83] Su perspectiva tiene sentido si tenemos en cuenta que Jacob y Wilhelm Grimm no eran los autores de sus famosos cuentos de hadas. No, se paseaban por el campo, recolectándolos y registrándolos. Son historias populares, cuentos orales que llevaban generaciones readaptándose. En cada variación, solo se preservaban imágenes y elementos narrativos concretos que sustentaban los deseos, ansiedades y preocupaciones de las familias y comunidades que seguían contando esos cuentos. Es por eso que tienen su interés. Pueden revelarnos cómo los hábitos inconscientes de nuestras mentes acabaron siendo lo que son, especialmente nuestra tendencia a la autoridad patriarcal narcisista.

Consideremos «Las tres plumas» desde una perspectiva jungiana. El contexto presentado en un cuento siempre simboliza una naturaleza psicológica. El estado del reino equivale a un estado mental, y ya que los monarcas son las encarnaciones humanas del reino –la personificación del estado político–, un rey viejo y moribundo representa un estado mental inestable y malsano. Por lo tanto, cuentos populares como este parecen querer explorar lo que sucede cuando la actitud cognitiva primaria deviene sintomática y degenerativa. ¿Cómo procedemos cuando nuestros viejos modos de pensar se deterioran? ¿Qué hacemos cuando los antiguos marcos psicológicos ya no nos proporcionan la estructura adecuada para que nuestra vida tenga sentido, cuando están agonizando, cuando su autoridad se debilita, cuando deben ser reemplazados? Casi parecería que estos cuentos fueron elaborados para describir la situación exacta en la que se hallan los padres de hoy en día; pero como veremos en breve, la solución que hemos acabado considerando normal y saludable no cuadra con el momento cultural actual.

Esto es lo que sucede en el relato: el rey sabe que ha llegado el momento de un cambio, y observa el menú de opciones que tiene delante. Ve a sus tres hijos. Cada uno representa una mentalidad joven distinta, una forma particular de ver el mundo, una disposición cognitiva y emocional que se diferencia de las otras. Las tres opciones son tan predecibles, tan arquetípicas que, cuando lo leo, no puedo evitar recordar mi propia infancia y mis dos hermanos mayores. Sabio, astuto, y bobo: ¡somos nosotros! Encarnamos los mismos tres temperamentos que aparecen constantemente en infinidad de cuentos y mitos a lo largo de la historia y a través de las culturas. Incluso puedes encontrar estudios científicos modernos sobre la relación entre hermanos que a veces confirman, y a veces refutan, la importancia del orden de nacimiento; cómo este orden influye en el éxito, los logros, la inteligencia y la seguridad en uno mismo. Piensa en hermanos famosos de películas familiares y *sitcoms*: a veces presentan las mismas características en el mismo orden. Patrones conocidos como estos pueden ser escalofriantemente persuasivos, nos proporcionan las máscaras de *persona* que dan forma, inconscientemente, a nuestras vidas. Por desgracia, es debido a factores como estos que nos vemos impelidos (o quizás, nos autoimpelimos de manera inconsciente) a escenificar involuntariamente guiones que refuerzan una autoridad patriarcal narcisista.

Para aclararlo, regresemos al cuento. El rey entiende, de forma intuitiva, que ceder la corona significa decantarse por un nuevo espacio mental, un nuevo tipo de conciencia para el reino entero. Esto es lo que le despierta ansiedad. Es incapaz de decidir cuál de los hijos personifica el camino correcto. ¿Y cómo podría decidirse? Es imposible. A todos nos suena la famosa frase «no podemos resolver problemas pensando de la misma manera que cuando los creamos». Con frecuencia estas palabras se atribuyen incorrectamente a Albert Einstein, aunque él nunca las dijo; no son más que sabiduría popular esparcida vía memes por redes sociales y apuntalada por la imagen autoritativa del cerebro de Einstein.[84] Sin embargo, expresan bien el dilema inherente a una crisis paradigmática. ¿Qué haces cuando la perspectiva previa se derrumba y una nueva debe reemplazarla? Todavía no se han formulado métodos, procedimientos, prescripciones y criterios para resolver estos nuevos rompecabezas.[85] El problema *es* la resolución del problema. Y pues, ¿qué hace el rey? Decide dejarlo a la suerte. Sopla tres plumas al aire y dice, «iréis a donde vuelen».

Es un augurio, como tirar una moneda al aire, lanzar los dados o hacer girar la ruleta. En nuestra época, con frecuencia los juegos de azar son vistos como una tentación pecaminosa, pero durante mucho tiempo estuvieron asociados con la adivinación profética; antaño se los consideraba una forma empírica de revelar la voluntad autoritativa de Dios. Es lo que sucede en la historia: el desenlace es sancionado de manera oficial por el mismísimo Santo Padre. Como si fuera cosa del destino, una pluma va hacia la derecha, una pluma va hacia la izquierda, y la tercera cae al suelo. El hermano sabio y el hermano astuto se dirigen hacia donde han ido sus plumas. El Bobo se queda turbado. «Se sentó, triste. Luego, de golpe, vio que había una trampilla cerca de la pluma».

Von Franz explica que la trampilla tiene un doble simbolismo. En primer lugar, el Bobo es el único hijo lo suficientemente humilde y poco sofisticado como para descubrir el camino escondido que tiene delante de sus narices. No tiene expectativas o prejuicios sobre cómo deberían ir las cosas. No se adhiere a ningún paradigma pretérito. Su ignorancia le salva de estar cegado por la conformidad, impide que vaya en busca de oportunidades. Su ingenuidad le presta una especie de autonomía libre de presiones externas, parecida a la que había descrito Immanuel Kant. Por lo tanto, es un buen candidato para ganarse la posición autoritativa del trono del padre. En segundo lugar, la trampilla es un pasaje al interior de la tierra; según von Franz, representa un viaje a las profundidades del inconsciente. Pero lo que es más importante para nosotros es que, en su opinión, este espacio subterráneo equivale a «lo femenino». Pensemos en la Madre Tierra. La trampilla revela un túnel que lleva a una caverna de gestación fértil. Von Franz detecta en ella un simbolismo uterino. Algo está a punto de nacer.

Quiero dejar bien claro que normalmente discrepo con cómo los jungianos recurren al esencialismo de género para describir complejos psicológicos. Siento vergüenza ajena cuando la gente habla, sirviéndose de un discurso con tufillo *new age*, de tipos de energía divinos masculinos y femeninos. *Los hombres penetran, las mujeres revisten. Ser varón significa entrar e infiltrarse; ser hembra significa sostener y abarcar.* Me parece a mí que la principal consecuencia de catalogar este tipo de inclinaciones psicológicas o imágenes arquetípicas según el género es el refuerzo de suposiciones falsas sobre las diferencias innatas entre *dos* tipos anatómicos, que no solo apuntalan los cimientos sexistas de actitudes misóginas,[86] sino que también se niegan a reconocer que una división binaria simple no puede representar adecuadamente el espectro entero de diferencias biológicas (o psicológicas). Piénsalo así: la trampilla en «Las tres plumas» quizás sea efectivamente un símbolo de potencial cognitivo, creativo e imaginativo, de la capacidad de innovar y engendrar algo nuevo. ¿De qué nos sirve identificar estos atributos como inherentemente femeninos o masculinos? De nada, creo yo. Sin embargo, en el caso que nos ocupa, dejaré a un lado mis reservas porque el cuento es fruto de una época particular, cuando el simbolismo radicado en la división de género era la norma.

Vale la pena destacar que en esta historia no hay una reina. Es bastante habitual en los cuentos de hadas que haya muchas madrastras terribles y reinas malvadas frías como el hielo, pero no buenas madres. Y es que, ¿qué podrían pintar aquí? Estas son en realidad historias sobre padres y su autoridad patriarcal narcisista; la mamá es irrelevante. En «Las tres plumas», ni siquiera hay una princesa. Todos los personajes principales son hombres. La razón, según von Franz, es que es un cuento sobre un tipo de psicología masculina especialmente malsana. El reino se está desintegrando porque los llamados aspectos femeninos del yo no están bien integrados. Es el mismo mensaje arquetípico que se halla en la base de las *Directrices para la práctica de psicología con chicos y hombres*, de la APA. Si von Franz escribiera en términos contemporáneos, quizás diría que el relato nos cuenta cuán necesario es que los hombres renuncien a las actitudes y los comportamientos vinculados a la masculinidad tóxica. Posiblemente señalaría que los hombres deben despojarse de la armadura de virilidad acorazada y defensiva, y adoptar maneras de ser más suaves, amables y vulnerables. Está claro que este tipo de retórica no es exclusiva a la era *#MeToo.* Los jungianos ya estaban hablando de estas cosas a mediados del siglo XX, así que, ¿por qué hemos progresado tan poco? Quizás porque entonces, igual que ahora, no somos capaces de detectar lo suficiente la autoridad patriarcal narcisista.

Para hacerlo, observemos cómo concluye la historia. El Bobo encuentra una novia al final del túnel de la trampilla. Es un pequeño sapo que se convierte en una bella mujer.

Von Franz cree que los sapos simbolizan la Madre Tierra; una personificación del útero.[87] ¡Pero yo creo que debe ser más por ese simbolismo anfibio, esa fijación por el cerebro reptiliano, que inspiró el carrito de mi hijo recién nacido! Al fin y al cabo, el sapo es una criatura que cambia de forma, un híbrido. No solo puede cruzar fronteras acuáticas/terrestres, también puede cambiar de sexo, puede cruzar sus cromosomas, supuestamente para preservar su continuidad genética y evolutiva. Claramente, aquí hay algo sobre género y sexo, pero no estoy de acuerdo con la interpretación de von Franz. Afirma que la unión del Bobo con su novia-sapo indica que el reino ha recobrado su debida ecuanimidad. Desde su punto de vista, la moral de la historia es que una psique saludablemente individualizada equilibra las energías masculinas y femeninas. En mi opinión, la verdad es mucho más siniestra.

Por supuesto, el concepto de una psique desequilibrada que ha sido reajustada mediante un emparejamiento heterosexual es algo común. Fíjate en las princesas más conocidas de los cuentos de hadas. Siempre acaban con un beso, un compromiso, o una boda. Muchos críticos se han alzado contra estos finales de «vivieron felices y comieron perdices», y señalan que lo único que define a las princesas de Disney es su deseo de ser salvadas por un joven y hermoso príncipe. No tienen voluntad, ni autonomía. Me alegra que la gente se queje de esto, pero creo que su enojo debería ser incluso mayor. El problema es que se toman las historias de manera demasiado literal. Ven a la princesa como una protagonista diferenciada, una heroína en su versión incompleta y trágicamente oblicua del monomito de Joseph Campbell, pero en realidad ni siquiera es eso. No es más que una voz interna: un aspecto del yo, un complejo personificado dentro de la psique del rey-padre, es decir, dentro del reino del monarca. En ese sentido, no es más que una pieza de atrezo en una alegoría psicológica misógina.

Es cierto que en «Las tres plumas», el único propósito de la novia-sapo es casarse con el Bobo, pero von Franz erra en un punto. No es una unión, es una adquisición. No es amor verdadero, sino una inversión financiera. Antes de que los hermanos Grimm dejaran registrada la historia –fijándola en su estado actual–, un marido era el propietario de su esposa, e incluso podía invalidar el acuerdo si ella no engendraba hijos. El trabajo de la mujer consistía en convertirlo en padre. Dicho de otra forma, el cuento precede a nuestras sensibilidades románticas modernas. Hoy en día, un 90 % de las parejas casadas señalan el amor y la compañía como la principal motivación para casarse.[88] No obstante, como explica la historiadora Stephanie Coontz, «hasta el siglo XVIII, la mayoría de las sociedades consideraban que el matrimonio era una institución política y económica demasiado fundamental como para dejarla plenamente en manos de la decisión libre de los individuos. Especialmente si iban a basar tal decisión en algo tan transitorio e irracional como el amor».[89] La idea de una conexión apasionada entre almas gemelas quizás sea un motivo literario recurrente a lo largo de la historia, pero no era algo que se considerara que sucediera entre marido y mujer hasta los tiempos modernos. En el pasado, el amor no tenía nada que ver con el matrimonio. Se consideraba que el amor verdadero era catastrófico. Romeo y Julieta, Helena y París, Tristán e Isolda, Sha Jahan y Mumtaz Mahal, Alejandro I de Serbia y Draga Mašin: los amores prohibidos de la historia fueron trágicamente desafortunados precisamente porque la pasión contaminó la toma de decisiones prácticas. El amor no constituía la vía prescrita para «vivir felices y comer perdices»; lo constituía el ajuar. El matrimonio consolidaba el poder, la lealtad, el patrimonio y el patrilinaje de tu familia. Esa era la clave para la satisfacción y el estatus social.

Así que quizás von Franz esté en lo cierto cuando sugiere que la novia-sapo refuerza la capacidad del Bobo de heredar el reino, pero su matrimonio no es un símbolo de individuación psicológica en el sentido moderno del término y, desde luego, no implica ninguna clase de respeto hacia alguna calidad o característica asociada con las mujeres o la feminidad. Tan solo le ayuda a convertirse en el rey-padre. El hijo tenía que poseer un útero antes de gobernar el reino, porque lo único que importa aquí es el patrilinaje. El resto son componentes suplementarios en una clara narrativa de autoridad patriarcal narcisista que gira en torno a la figura paterna: las necesidades de papá, la historia de papá, la existencia de papá, y la continuidad del mandato patriarcal de papá.

¿Acaso sorprende, pues, que los padres, que crecieron escuchando estos cuentos de hadas, se vean a sí mismos como protagonistas autoritativos, con derecho a determinar la dirección narrativa de su familia? No. Siempre imaginamos a los padres como la unidad primaria que organiza la totalidad de nuestras vidas. Quizás queramos imaginarnos a nuestros padres como manitas benevolentes encargándose siempre del mantenimiento del amor y la santidad del hogar, y de reparar lo que está roto, pero desgraciadamente no podemos hacer «que así sea» y olvidarnos de ello. Vivimos en un paradigma patriarcal que normaliza al padre –rey y protagonista– como fuente definitiva del *gaslighting*.

Luces de gas y molinos de viento

En la era *#MeToo* se habla mucho de la luz de gas, o *gaslighting*. Es algo que está muy bien, pero sería incluso mejor si aceptáramos abiertamente cómo nuestra veneración inintencionada por el narcisismo paterno normaliza la luz de gas y nos condiciona a todos a colocar la autoridad en un pedestal por encima de la responsabilidad.

El término *luz de gas* suele utilizarse normalmente para describir una forma de manipulación psicológica o emocional. Se origina en una obra de teatro de 1938 titulada *Luz de gas*. Es la historia de un marido, Gregory, que intenta convencer a su mujer, Paula, de que se está volviendo loca. Su objetivo es que la hospitalicen para así poder robar sus joyas. Cambia la ubicación de los objetos de la casa y cuando ella no puede encontrarlos actúa como si fuera su culpa. A menudo sube a la buhardilla a rebuscar entre sus bienes valiosos, y cuando lo hace, todas las luces de la casa se atenúan. Cuando Paula le pregunta por el cambio en la intensidad de la iluminación, Gregory responde que se está imaginando cosas. Y a continuación le aconseja descansar un rato, porque claramente no está bien.[90] Sus mentiras y engaños constituyen el modelo base del comportamiento que hoy en día los científicos sociales denominan luz de gas.

Tal como se utiliza actualmente, el luz de gas muy pocas veces se refiere a semejantes extremos de coerción. Más bien hace referencia a cómo alguien (no necesariamente un hombre cisgénero) toma las riendas de una narrativa interpersonal, anulando así la capacidad de la víctima de tener su propia perspectiva singular, insistiendo en que solo hay una versión plausible de una historia.[91] *Está loca. Mientes. ¡No fue así como sucedió!* Cynthia A. Stark, profesora asociada de la Universidad de Utah, describe la luz de gas como una «injusticia testificativa» porque niega la validez del testimonio de una persona «sobre el daño o perjuicio que le ha sido causado».[92] Por eso el término suele utilizarse tan a menudo en casos de abuso o violencia sexual: el perpetuador hace todo lo posible para alegar que su versión de los acontecimientos es la única fiel a la realidad. Por supuesto, el luz de gas no siempre está vinculada al abuso. Hay ejemplos mucho más comunes y cotidianos.

Está por todos lados. La mayor parte del tiempo la aplaudimos sin darnos cuenta como un indicador de autonomía, porque es como nuestra capacidad para ser autores de una narrativa que define nuestra voluntad. De hecho, es lo que esperaríamos que hiciese un padre. Quizás no seamos conscientes de ello, pero cada instancia de autoridad patriarcal narcisista refuerza la idea de que el luz de gas paterno no solo es algo normal, sino también la única estrategia de la que dispone para ser un padre efectivo. Papá tiene que hacer «que así sea». Si combinamos esta percepción con cientos –por no decir miles– de cuentos populares, historias infantiles para antes de dormir, y mitos que cuentan relatos simbólicos de transformación psicológica que giran en torno a un padre o rey (un protagonista tipo Zeus), queda claro que la capacidad de llevar a cabo una versión sutil de luz de gas se infiltra en nuestra concepción de la individualidad.

Si queremos arrojar luz sobre este discurso problemático en torno a la autonomía, y plantar cara a todo lo que implica, deberemos entender cómo surgió esta realidad inoportuna. Para ello, tenemos que retroceder al año 1637, cuando el filósofo francés René Descartes planteó su famoso axioma, «pienso, luego existo» (*cogito, ergo sum*).[93] Parece que todo el mundo conoce esta frase, pero poca gente entiende realmente por qué fue tan importante en la era de la Razón. Descartes se interesó por una cuestión con la que muchos hemos lidiado, especialmente en conversaciones existenciales bien entrada la noche durante nuestros años de instituto o universidad. No es baladí que nos la planteemos en ese momento de nuestras vidas (y no tiene nada que ver con la tendencia adolescente a experimentar con sustancias embriagantes). La verdadera razón es que la pubertad es un punto crucial del duelo freudiano para el estatus patriarcal.

Es cuando supuestamente empieza el viaje del héroe, cuando comenzamos a vernos como pretendientes a figuras paternas (capaces de hacer luz de gas), como los autores potencialmente dominantes de historias que podrían definir la experiencia de nuestras amistades y seres queridos.

La pregunta existencial que tanto Descartes como muchos adolescentes se plantean es la siguiente: si todo el mundo cuenta con su propia experiencia subjetiva, ¿por qué no podría ser la mía la más autoritativa? En el fondo, ¿cómo podemos saber de cierto qué es real? El mundo que nos rodea, ¿es una especie de simulación virtual, un sueño? Mi percepción del color, ¿es la misma que la tuya? ¿Qué diferencia hay entre un hecho y una opinión? ¿La objetividad es algo que pueda existir? Descartes tenía una respuesta a estas preguntas. Afirmó que lo único que podemos saber de cierto es que nuestra conciencia existe. Pienso, luego existo. Todo el resto exige algún tipo de investigación empírica.

Su solución nos parece obvia porque todos vivimos en un mundo poscartesiano, pero es difícil aclarar cómo de revolucionaria fue en su momento la idea *cogito, ergo sum*. Perfiló la era de la modernidad. Hasta el momento en que Descartes escribió su *Discurso del método*, muchos filósofos habían tratado la poca fiabilidad de la percepción humana, pero nadie había conceptualizado de manera eficaz la totalidad de la existencia en un mundo interior y exterior, una realidad interna y externa. A menudo este concepto recibe el nombre de *dualismo mente-cuerpo* de Descartes, o a veces *dualismo cartesiano*. ¿Por qué? Porque gracias a él podemos reconocer la diferencia entre el cerebro físico –un órgano tangible, una parte material del cuerpo, compuesta de células, sinapsis y neuronas– y la mente, una entidad abstracta que constituye la conciencia, la percepción y el pensamiento mismo. Por lo tanto, el mundo puede dividirse en dos ámbitos: el subjetivo y el objetivo. El ámbito subjetivo es un mundo privado, que contiene pensamientos, observaciones, opiniones, creencias y sensaciones con los cuales todos estamos familiarizados. Es lo que tendemos a imaginarnos como nuestro «yo interior». Es donde moran todos nuestros Bobos, novias-sapo y princesas metafóricas –nuestro propio centro de control a lo *Inside Out*–. El ámbito objetivo es la realidad externa, que está hecha de materia–, cosas que pueden medirse y manejarse, y cuya existencia factual es comprobable. Todo lo que no pueda demostrarse utilizando el método científico cartesiano debería considerarse una fantasía subjetiva, o una falsa ilusión. Igual que sir James Frazer definió el síndrome de Couvade: es una forma «primitiva» de creer en la magia empática.

La mayoría de nosotros tendemos a aceptar este dualismo sujeto/objeto sin pensárnoslo dos veces. Creemos en la existencia de una vida interna y una vida externa. Damos por sentado que la realidad debe ser medible de manera empírica. Fijémonos en los fundamentos invisibles pero omnipresentes de la neurociencia y la psicología. Un neurocientífico estudia cómo la materia objetiva del cerebro –celdas, sinapsis, neuronas– crea la experiencia subjetiva de la mente. Un psicólogo entiende el pensamiento, o la cognición, como el proceso a través del cual la mente construye una representación subjetiva del mundo externo, material, objetivo. Ambos beben directamente del dualismo mente-cuerpo de Descartes.

Se le atribuye a Descartes el hallazgo de esta perspectiva porque vivimos en un paradigma patriarcal que favorece la autoridad individual –siempre se destaca un «gran hombre» como el autor esencial de cambios históricos y filosóficos–.[94] Pero lo cierto es que la causalidad casi nunca es tan independiente. Hay muchas otros autores que ya estaban explorando las implicaciones de esta nueva forma de ser antes de que Descartes la describiera. Por ejemplo, Miguel de Cervantes publicó *Don Quijote de la Mancha* unas cuantas décadas antes, en 1605. Cabe mencionar que Cervantes también se beneficia de la doctrina de los «grandes hombres» de la historia, por eso mucha gente considera *Don Quijote de la Mancha* como la primera novela moderna. ¿Por qué aseveran que el libro es tan innovador? Porque es la historia de un yo dualístico, la contienda entre la realidad subjetiva (interna) y la objetiva (externa).

Don Quijote es la historia de un hombre viejo que ha leído tantas historias de caballería que ya no puede diferenciar la realidad de la ficción. El ingenioso hidalgo de La Mancha ahora cree que es un caballero, y malinterpreta todos los aspectos mundanos de su experiencia como si fueran elementos de una cruzada épica y heroica. La escena más famosa del libro la protagonizan unos molinos de viento. Don Quijote y su escudero, Sancho Panza, cabalgan por el campo cuando ven treinta o cuarenta molinos de viento. Don Quijote cree que son «gigantes enormes» y declara su intención de batallar contra ellos. Sancho objeta: «No son gigantes, sino molinos de viento, y lo que en ellos parecen brazos son las aspas, que, girando con el viento, hacen andar la piedra del molino». Pero estas palabras no afectan a Don Quijote.

«Bien parece», le dice a Sancho, «que no estás cursado en esto de las aventuras: son gigantes; y si tienes miedo quítate de ahí, y ponte a rezar en el espacio que yo voy a entrar con ellos en fiera y desigual batalla».[95]

Espolea su caballo y carga contra ellos. El viento empieza a girar las aspas, y refuerza la convicción de Don Quijote: ¡claramente, los gigantes empiezan a moverse porque temen enfrentarse a semejante caballero! El viejo golpea con una lanzada una de las aspas, que lo lanza por los aires, y al final acaba rodando por el suelo. Maltrecho y lesionado, se aleja, pero no abandona su delirio. Explica que probablemente algún tipo de magia negra debe de haber convertido los gigantes en molinos de viento, un intento claro de las fuerzas del mal para frustrar su virtuosa misión.

La novela la conforman novecientas páginas de episodios cómicos parecidos, en los cuales la experiencia subjetiva de Don Quijote choca con la realidad objetiva. Finalmente acaba convirtiéndose en un caballero célebre. La reputación lo precede allá donde va. La gente ha oído hablar de sus aventuras delusorias y, si bien saben que no es un caballero de verdad, lo tratan como la figura heroica que él se imagina que es. El mundo externo ha sido coaccionado para conformarse a la historia interna cuyo autor es Don Quijote. Es la descripción perfecta de la autoridad patriarcal narcisista. ¡Hizo luz de gas a todos!

En un mundo en el cual dependemos del dualismo cartesiano mente-cuerpo para determinar la verdad, el conocimiento y el significado, todos somos Don Quijote. ¿Acaso no compartimos su peculiar amalgama de convicción obstinada e ingenuidad? Tendemos a conocer bien lo que sabemos, pero no tenemos la conciencia suficiente como para reconocer aquello que no sabemos. Ya nos va bien; nuestra autoestima y confianza en nosotros mismos –incluso nuestra capacidad de levantarnos por la mañana y ocuparnos de las obligaciones del día– dependen de nuestra capacidad de ignorar felizmente nuestras contradicciones inherentes. Igual que Don Quijote, nos resistimos vigorosamente a cualquier cosa que amenace con disolver el mosaico de narrativas que guían las decisiones que tomamos y las acciones que realizamos. Estaremos dispuestos a engañarnos con tal de rehuir a la autorreflexión, a luchar contra molinos de viento. De hecho, creemos que eso es justo lo que debería hacer, lo correcto, la instancia moral suprema. Incluso lo tomamos como una señal de competencia y madurez. ¡La ley del más fuerte!

Una cosa a tener en cuenta es que casi todos los libros de autoayuda, psicología y desarrollo empresarial conceptualizan la voluntad y autonomía personales basándose en esta capacidad de «hacer que así sea». Admiramos la habilidad de distorsionar la realidad de forma narcisista. Por ejemplo:

Walter Isaacson se entrevistó con empleados de Apple para descubrir qué impresión tenían de Steve Jobs. «La mejor forma de describir el entorno laboral es un término de *Star Trek*», explicó Bud Tribble, miembro del equipo de desarrollo del Macintosh original. «Steve tiene un campo de distorsión de la realidad». Por lo visto, Jobs era capaz de persuadir a cualquier persona para que viera la situación exactamente como él la veía, independientemente de cuán delusoria fuera esta perspectiva. Así conseguía que los programadores se comprometieran con fechas de entrega imposibles. «Era peligroso quedar atrapado en el campo de distorsión de Steve, pero precisamente es eso lo que lo llevó a ser capaz de cambiar la realidad».[96] Parece que Steve Jobs era Don Quijote –narcisista, patriarcal y autoritativo hasta la médula.

Similarmente, cuando la gente habla de lograr mejores resultados profesionales o médicos a través de una conciencia positiva, no están meramente canalizando un pensamiento mágico, también se ven envueltos en una autoridad patriarcal narcisista. Quizás insten a «*evitar la negatividad; acercarse al mundo con gratitud, creer en uno mismo e ignora los* haters*; ser el cambio que quieres ver. ¡Se harán milagros!*». Desde luego, suena reconfortante e inspirador, pero los gurús *new age* y oradores motivacionales varios están todos contado la misma historia cartesiana y quijotesca. Pocos parecen caer en la cuenta de que siempre que permitimos que la ficción subjetiva de un individuo defina nuestra realidad colectiva y objetiva, también estamos afianzando la veneración generalizada por el luz de gas.

Es así cómo todos nos hemos tragado la idea de que la habilidad de uno de ejercer coerción narcisista es un indicador de éxito. ¡En el caso de los padres, especialmente! Están viviendo en un paradigma cultural que todavía considera a papá como la unidad primaria de participación económica, el hombre de la casa, el cabeza de *famulus*. Por lo tanto, se les pide implícitamente que distorsionen la realidad: el padre es quien mejor conoce la situación, y el resto deberíamos aceptar su versión de los hechos, su autorización, su forma de ver la realidad. Incitamos al padre a abrazar con los brazos abiertos la mentalidad propia de una autoridad patriarcal masculina, nos guste o no. Le han enseñado que la historia siempre debería pertenecerle. La madre y los hijos solo son complementos, personajes secundarios de su misión heroica. Pero las cosas no tienen por qué ser así. La figura paterna puede abandonar sus delirios quijotescos. Puede hallar alternativas al dualismo cartesiano mente-cuerpo. Puede evitar hacer luz de gas. Puede sustituir la autoridad por la responsabilidad.

En pocas palabras, un padre feminista reconoce que todos vivimos en una red de realidades subjetivas mutuas, es decir que construimos juntos un mundo de historias.

Sé responsivo

Cuando mis hijos eran pequeños, me gustaba poner en el centro de la alfombra del comedor una gran caja de bloques de madera. Las piezas del interior tenían formas diversas: cubos, cilindros, tetraedros y esferas. Todas habían sido alisadas y recubiertas de goma laca para evitar la aparición de astillas. Las ponía una encima de la otra, haciendo una auténtica torre de base ancha y estable, pero cada vez más complicada y precaria a medida que se alzaba hacia el ventilador rotatorio que colgaba encima de nuestras cabezas.

Mi reto autoimpuesto era utilizar todos los bloques y equilibrarlos en las posiciones más alocadas y azarosas. Me tomaba la tarea muy en serio, como si fuera la prueba definitiva del heroísmo de la paternidad. Los niños observaban desde los márgenes, en vilo, impacientes y preparados para desempeñar sus roles. Saltaban del sofá en el momento que colocaba el cono final, una torreta que coronaba una obra maestra de la construcción infantil. Apresurándose sobre sus rodillas tambaleantes, se acercaban. Agitando los brazos como molinos, echaban abajo la totalidad de la estructura. ¡*Bum*! El sonido del impacto les despertaba risillas; el caos resultante les entusiasmaba incluso más. Reíamos todos juntos, nos abrazábamos, y luego volvíamos a empezar.

A menudo me acuerdo de ese juego; lo menciono en mis clases. Es un recordatorio de que incluso un párvulo puede deconstruir cosas. La verdadera habilidad consiste en volverlas a construir. Es una parábola a tener en cuenta cuando desarrolles la conciencia crítica necesaria para ser un padre feminista. Recuerda siempre que es mucho más fácil denunciar las narrativas problemáticas que originan nuestras aspiraciones y percepciones que construir nuevas. Gran parte de la teoría feminista e interseccional lleva a cabo la importante labor de mostrarnos cómo las ideas y estructuras que damos por sentado refuerzan la desigualdad sistémica. Se han escrito muchos manifiestos brillantes para alentar a la gente a reconocer que la opresión patriarcal preserva su estabilidad porque seguimos erigiendo nuestras vidas sobre una base compuesta de presunciones sexistas. Esto está muy bien; es lo primero en lo que debes trabajar. Debes desmontar los andamios que apuntalan la tiranía ideológica de lo que ni-que-decir-tiene.[97] Tienes que echar abajo esos viejos marcos de referencia. Por eso que en mis estanterías se acumulan cientos de libros feministas, cada uno planteando sets de herramientas para incinerar los cuentos de siempre que normalizan la misoginia, la homofobia y la transfobia. El problema es que muy pocos de ellos ofrecen un modelo claro para volver a reconstruir, para escribir mejores guiones. Esto puede deberse a la presencia de un enigma inherente. ¿Cómo puedes ser el autor de una historia, y recomendarla a otros, sin sucumbir a las tentaciones delusorias de la autoridad patriarcal narcisista?

Como escribe la activista adrienne maree brown, «hemos sido socializados para ver lo que chirría, lo que está mal, lo que falta, para derribar las ideas de los otros y elevar las nuestras propias».[98] Es cierto. Todos respondemos y debatimos, y a veces incluso hacemos luz de gas. Suelen ser intentos desacertados de mantener la estabilidad de nuestros propios delirios quijotescos personales. Intentamos contrarrestar el miedo y la inseguridad –esconder los síntomas de lo que la gente a veces llama el síndrome del impostor–.[99] Los hombres cisgénero que viven en sociedades capitalistas patriarcales imperialistas y supremacistas blancas son particularmente propensos a estos sentimientos de inadecuación, y a la aborrecible retórica defensiva que los acompaña.

No es que estemos siendo intencionadamente sexistas o racistas, o que queramos odiar a la gente. Es decir, no debes sentir que eres un villano porque 1) no todo gira a tu alrededor y 2) probablemente tus actos de malicia no sean deliberados. Pero tampoco estás totalmente exento de culpa. Al fin y al cabo, lo más probable es que te hayan enseñado a creer que el crecimiento y la masa crítica –obtenida a través de una competición donde todo vale y el fin justifica los medios– es la única forma de sentirte realizado y fardar de estatus. Te han dicho que se vincula a la supervivencia y el progreso evolutivo. Por lo tanto, crees que la expansión es el atributo definitorio de la transformación positiva, y también la consideras un antecedente al cambio revolucionario. ¡Construyes tu torre de bloques lo más alto posible! Igual que una empresa que intenta cosechar una mayor cuota de mercado, o un héroe edípico en su trayectoria de ascendencia homicida, siempre estás en busca de la victoria. Con frecuencia, debes echar a la gente del camino porque parece que la riqueza, el poder y la satisfacción personal dependen de tu capacidad de ser el autor principal de una narrativa amplificada por un colectivo notablemente mayor. Es equivalente al *manspreading*, o despatarre masculino. Quieres que tu historia ocupe más espacio. Esta forma de sembrar narrativas es el tipo de conducta que se promueve en una cultura obsesionada por la fama mediática. Se refleja en nuestras vidas individuales, especialmente ahora que tantos de nosotros nos preocupamos por los seguidores, los comentarios y los *likes*. También se encuentra en las raíces de muchas de las conductas paternas problemáticas asociadas a la masculinidad tóxica. En el fondo, no es ningún secreto que los padres ejercen control sobre sus familias con tal de magnificar su propio sentido de la importancia, es decir con tal de afianzar su autoridad patriarcal narcisista. Actúan como abusones cuando pueden para compensar sus deficiencias cuando no pueden.

Por supuesto, no quiero insinuar que todos los padres sean malos todo el rato. Sé que muchos padres reconocen la importancia de la paridad de género y denuncian la misoginia cuando la presencian. A la hora de la cena, hablando de cómo fue el día escolar, quizás corrigen con diligencia los estereotipos de género que sus hijos adquieren de otros niños. Quizás el padre también se toma la molestia de evitar coloquialismos problemáticos o expresiones groseras. Por ejemplo, no dirá cosas como «eres un calzonazos»; «chutas como una nena»; «sé un hombre»; o «tenlos bien puestos». Les pedirá que no utilicen palabras como *zorras, perras* o *maricas.* Algunos padres incluso irán más allá y rechazarán los roles de género habituales, alterando la distribución común de las tareas domésticas. ¿Quién se encarga de la limpieza y la comida en tu casa? ¿Quién lava y dobla la ropa? ¿Quién paga las facturas? ¿Quién programa las visitas al médico, las actividades extracurriculares, o las quedadas con otros niños? Tu organización de las rutinas de la vida cotidiana es un modelo estructural que tus hijos acabarán incorporando a su percepción de lo que es *normal*. Puede confirmar o rechazar las expectativas sociales, así que toma tus decisiones con cuidado.

Cuando mis hijos eran pequeños, me preocupaba por señalarles las representaciones sexistas y homófobas de la televisión y las películas. Les pedía que me explicaran por qué todos los personajes femeninos de sus videojuegos tenían las tetas tan grandes, por qué se hacían tantas bromas sobre *gays* en dibujos animados pensados para niños. También intentaba no hacer nunca conjeturas heteronormativas cuando hablaba con ellos. Cuando me imaginaba el futuro, intentaba decir cosas como «espero con ansias el día que traigas por primera vez a casa una pareja para avergonzarte». No decía *novia* porque no quería cultivar perspectivas heterosexuales. Ni siquiera decía *novio*, o *enbyfriend* (*enby* es la pronunciación fonética habitual de las iniciales N.B., es decir no-binario). Era consciente de que cualquier sueño que planteara sobre su futuro determinaría los estándares e ideales de toda una vida de aspiraciones, y no quería que se sintieran limitados por mis expectativas.

Cuando pasábamos por Target u otras grandes superficies comerciales, solía hacer comentarios sobre cuán absurdo era que los juguetes se dividieran en pasillos rosas y azules. ¿Cómo era posible que una caja de LEGO le resultara más atractiva a un género que a otro? Les pedía a mis hijos que me lo explicaran. Por supuesto eran incapaces, pero me encantaba ver cómo se esforzaban. Uno de mis pasatiempos favoritos era enredar a mis hijos, dejarles desconcertados: así es como intentaba despertar un pensamiento crítico. A veces otros adultos ponían los ojos en blanco, o me miraban mal. Pensaban que estaba siendo un aguafiestas, destripando la diversión de los niños. *¡Déjales que disfruten de sus superhéroes musculosos y princesas rosas! ¡Les gusta, no seas cortarrollos!*, básicamente me querían decir que los niños pequeños merecen una infancia pura, exenta de los males de cabeza vinculados a la justicia social. Pero yo sabía que se equivocaban. Los estereotipos de género ubicuos oprimen mucho más la ingenuidad de un niño que cualquier concienciación de la existencia de misoginia, homofobia o transfobia.

Hoy en día, a menudo escucho a mis hijos cuestionar las presunciones de sus amigos, del mismo modo que yo siempre cuestionaba las suyas. Me siento orgulloso de ellos, pero soy consciente de que estos ejemplos no son, por sí mismos, indicativos de mi éxito como figura paterna. Ser un padre feminista implica mucho más que simplemente comprometerse a evitar un lenguaje y comportamientos sexistas. También exige que cambies tu mentalidad –que te comprometas a destruir esas mismas actitudes y conductas que propician aquello contra lo que has jurado luchar–. Dicho de otra forma, debes ser menos autoritativo y más responsivo.

¿Y eso qué significa, en la práctica? Antes que nada, una *crianza responsiva* debe ser participativa y adaptable. No tiene nada que ver con arrojar relámpagos decisivos; se basa en las acciones de presenciar y escuchar. Es por eso que, ahora que mis hijos son adolescentes, estoy constantemente aprendiendo de ellos. No siempre me gusta: me corrigen a menudo cuando utilizo pronombres equívocos para referirme a sus amigos. También me llaman la atención cuando consideran que he sido inoportunamente crítico cuando comparto anécdotas de mi experiencia con estudiantes a quienes les ofendió algo que sucedió durante una discusión en clase. Mi reacción inicial casi siempre es defensiva. «El experto soy yo. Fui yo quien os enseñé a ser feministas, chavales. ¡Cómo vais a saber de qué va el tema mejor que yo!» Pero a veces sí que saben mejor de qué va el tema. Todavía estoy en proceso de aprendizaje: ser la figura paterna no significa que siempre sea yo quien debe tener la última palabra.

El problema es que, cuando estás obnubilado por la falacia del ego de la autoridad patriarcal narcisista, ¡te crees que siempre tienes derecho a ordenar «que así sea»! Pero alguien que se compromete a una crianza responsiva reconoce que la realidad es un acto de cocreación; es colaborativa y emergente. Tienes que escuchar una variedad de voces, sin presuponer que la más fuerte y dominante representa la perspectiva más certera. Debes recurrir siempre a esta hospitalidad, ya sean voces internas o externas. Es el mismo proceso, estés escuchando a los miembros de tu familia o en un momento de introspección. De hecho, un padre feminista no puede hacer una cosa si prescinde de la otra. Del mismo modo que debes respetar la dignidad y autonomía de tus hijos y parejas, también tienes que confiar en que hay una variedad de personajes a lo *Inside Out* dentro de tu psique. Cada uno de ellos puede brindar una perspectiva singularmente sabia y a veces inesperada a cualquier situación. ¿Cuáles estás silenciando sin darte cuenta porque las cosas que das por sentado albergan prejuicios problemáticos? ¿Te hacen sentir débil algunas de ellas? ¿Emasculado? ¿Inseguro? ¿Fuera de control? Para descubrirlo, deberás escuchar el discurso sin identificarte en exceso con una única voz ni patologizar el resto.

Recuerda, nunca hay solo una única respuesta a tus dilemas cotidianos. Eso es algo difícil de reconocer cuando estás embelesado por la falacia del ego que genera la autoridad patriarcal narcisista. ¿Por qué? Porque suscribes, sin darte cuenta, la teoría de los *grandes hombres* de la historia; presupones que una voz individual puede llegar –y de hecho llegará– a la mejor solución visionaria a cualquier problema paradigmático. No se queda en tu admiración por Steve Jobs o tu veneración por otros iconos y deportistas famosos. Lo más probable es que también apliques este concepto a las vicisitudes cotidianas de la vida familiar. Das por supuesto que «el padre es quien mejor conoce la situación». O por lo menos crees que siempre debería aspirar a ser quien mejor la conoce. Por lo tanto, tienes ganas de dar consejos paternos, de ser un manitas que resuelve problemas con soluciones relámpago. Pero eso no es ser un padre responsivo. Un padre feminista sabe que la verdadera sabiduría proviene de la inteligencia cooperativa, que una verdad intersubjetiva y equitativa se manifiesta no solo entre humanos que se respetan por igual, sino también a través del discurso consensuado de voces psicológicas internas.

¿Cómo sería escuchar todas las voces dentro de tu casa y tu cabeza? ¿Qué sonido se daría cuando escriben conjuntamente una narrativa más despierta? Al empezar este capítulo, hablé de silencio atronador. «Para lograr la plena atención del habla», escribe Thich Nhat Hanh, «primero debemos practicar el silencio. Solo entonces podemos sondear profundamente para ver cuáles son nuestras perspectivas y qué nudos internos dan pie a nuestro pensamiento».[100] Este es un buen consejo para los padres feministas. Me trae a la mente la imagen de mis hijos destruyendo las torres de bloques. Lo hacían con la expectativa de que la torre volvería a ser edificada, y que la podrían volver a echar abajo. De la misma manera, el propósito de la concienciación crítica es deconstruir las narrativas culturales actuales con tal de hacer un hueco para otras más nuevas y menos opresivas. Pero no le corresponde a la figura paterna la tarea de escribir la nueva historia. No: un padre feminista se desprende de la falacia del ego que genera la autoridad patriarcal narcisista, y presta especial atención a su alrededor para así poder escuchar todas las cosas singulares que están siendo articuladas en las historias de otra gente.

Tercera parte
¿Quién es tu papi?

VIERNES, 14 DE FEBRERO, 4:17 P.M.: Sé que los subidones de azúcar no son reales.[101] No es más que una amalgama de ciencia pobre y leyendas urbanas. Los doctores de principios del siglo XX heredaron, a través de los cuentos de viejas esposas, la prudencia de la era victoriana y defendieron que la moderación era el remedio definitivo para todas las malas conductas de los niños. Una serie de estudios deficientes confirmaron su predisposición: ¡eres lo que comes! ¡Practica la abstinencia! ¡El abuso es un pecado![102] Todo el mundo se lo creyó, y mucha gente todavía se lo cree, pero la *hipótesis del azúcar* nunca se basó en hechos empíricos. Investigaciones posteriores refutaron categóricamente la idea de que los dulces pudieran tener un efecto negativo en la conducta o la cognición.[103] Es decir que el regaliz o las chocolatinas no son lo que causa la conducta hiperactiva de mis hijos. Quizás estén gritando y estorbando, pero lo más probable es que simplemente estén emocionados porque nunca tenemos tantas golosinas en casa. Es una ocasión especial: he abierto la gran caja que mi madre nos envió para celebrar el día de San Valentín. Me manda una cada año. Su padre siempre le enviaba una a ella, y sigue con la tradición.

El abuelo vivía en Lakewood, Nueva Jersey. Enviaba los caramelos por correo hasta Filadelfia. En esa época no había compras por Internet, así que cada paquete recubierto de papel Kraft con la dirección escrita a mano era motivo de excitación. Especialmente este paquete. Mis hermanos y yo desgarrábamos la envoltura del enorme cartón rojo en forma de corazón. Lo abríamos como si lo que hubiera dentro fuera una revelación. Aunque más que eso, lo que nos encontrábamos era un misterio. No había una explicación impresa en el interior de la caja, nada que nos ayudara a identificar y anticipar el sabor de cada dulce del tamaño de un mordisco; pero eso era precisamente parte del atractivo. Empezaba una feroz competición para ver quién podía adivinar mejor cuál de ellas era una chocolatina de caramelo, una trufa de ganache oscuro, o un pegajoso dulce de merengue blando. Nadie quería las gominolas.

A día de hoy, mi madre ha sustituido la antigua caja con forma de corazón por múltiples bolsas de chuches producidas en masa típicas de Halloween. Mi despensa está abarrotada de ositos de Haribo, barritas Milky Way y paquetes de M&M's. A mis chicos les fastidia que rememore los años dorados de las auténticas cajas de chocolates. Les importa un bledo; reaccionan al regalo de su abuela con el mismo vigor descerebrado que exhibíamos nosotros cuando éramos pequeños ante la caja de mi abuelo.

Supongo que es bonito que esta tradición haya perdurado de una generación a otra, pero la verdad es que nunca acabé de entenderla. Un padre, ¿por qué le mandaría un regalo de San Valentín a su hija? ¿Por qué se lo manda una madre a su hijo? ¿No se supone que ese día celebramos un amor de otro tipo? Lo llamábamos «gustar de verdad» cuando estaba en primaria. *¿Te gusta? ¿O te gusta de verdad?* Así es como diferenciábamos entre una aspirante a novia y «solamente» una amiga. Como los antiguos filósofos griegos, mis amigos pubescentes y yo distinguíamos entre *philia* (φιλία) y *eros* (ἔρως), dos tipos de amor distintos.

Siempre me imagino *philia* como «amor fraternal». Es porque soy de Filadelfia, y es así como se la conoce: la ciudad del amor fraternal. No es una traducción del todo correcta. La *philia* no es algo que solo pueda existir entre hermanos –los cuales, además, no siempre mantienen la mejor de las relaciones–. Siendo más precisos, la palabra griega se refiere al amor entre personas que comparten un lazo común. El parentesco biológico es solo una posibilidad. También puede darse entre paisanos y socios de negocios. Aristóteles empleaba el término *philia* para referirse a todo tipo de amistad motivada por la buena fe, la utilidad, o los placeres simples.[104] Por el contrario, el *eros* es libidinoso. Describe el tipo de amor que suele desembocar en romance y sexo. Es un deseo profundo y penetrante.[105] Pero en primaria, ni siquiera nuestro «gustar de verdad» era erótico en ese sentido. Tener novia era principalmente una cuestión de estatus. Lo que queríamos era encajar. No nos enrollábamos, ni hacíamos manitas. Por lo general, nos sentábamos juntos, incómodos, en el autobús o en el comedor de la escuela a la hora del almuerzo. Como mucho, quizás, nos cogíamos de la mano en el recreo, mientras el resto de niños decían tonterías sobre a quién le gustaba quién «de verdad».

No sería hasta unos años después que empezaríamos a besuquearnos y restregarnos. Por aquel entonces, muchos de mis compañeros de clase afirmaban que era imposible que un chico tuviera amigas. Utilizando palabras y frases vulgares en exceso, argumentaban que el *eros* siempre se entrometía. Al principio no quería creerlos pues varias de mis amistades eran chicas, y la mayoría ni me las había imaginado como potenciales parejas románticas, pero después de que la fábrica de cotilleos que es la pubertad me empujara a interpretar mi afecto hormonal según las convenciones sociales binarias, empecé a preguntarme: ¿si el interés de una amiga en mí fuera sexual, se volvería el mío de manera automática en sexual, también? ¿Los chicos están siempre hechos de la misma pasta, siempre cachondos intentando «pillar» cacho? ¿Son innatamente promiscuos? ¿Sexualmente resueltos? ¿Depredadores como los cavernícolas? Cuando no había chicas cerca, algunos compañeros de la escuela aprovechaban para revelar varios «hechos» (así los llamaban) sobre los sexos. Alguien se había enterado de algo de la boca de un hermano mayor, o quizás de un tío lascivo, y lo repetía como un loro, con una convicción total. También se mofaban de cualquiera que pareciera sorprendido o se mostrara escéptico; la humillación desincentivaba la disidencia. Pronto las mentiras, malentendidos e invenciones de la imaginación adolescente me parecieron irrefutables. El día de San Valentín, que hasta entonces había sido un intercambio desenfadado de corazoncitos de caramelo y tarjetas de felicitación de dibujos animados, se convirtió, en mi mente, en un ritual de cortejo y apareamiento adolescente en el que estaba en juego muchísimo. Los mensajes culturales que recibía eran unánimes: claramente, el día de San Valentín giraba en torno al *eros*, no la *philia*.

Y, sin embargo, mi abuelo, con la mejor de las intenciones, seguía enviándole chocolates a mi madre. ¿Por qué? Porque su relación con ella estaba influida por una reinterpretación problemática del complejo edípico de Freud: una perspectiva sobre padres, hijas y adolescencia que surgió en los años cuarenta. Como veremos a continuación, damos muchas cosas por sentado en lo referente a la relación entre padres e hijas que están cargadas de conjeturas heteronormativas y problemáticas sobre el amor, el género y el sexo. Hemos aceptado una serie de creencias misóginas y perturbadoras. Hemos colocado el determinismo psicológico en la base de nuestro pensamiento sobre el desarrollo sexual femenino, y condimenta directamente las expectativas complacientes que tenemos sobre identidad de la figura paterna. Ser un padre feminista exige plantar cara a la historia sórdida e incómoda de concepción de las relaciones papá-hija, y enterrar de una vez por todas las falacias del esencialismo de género propio de vestuarios.

El *esencialismo de género propio de vestuarios* es un concepto amplio que utilizo para identificar discursos extendidos que afirman que las actitudes en torno al sexo y la intimidad están biológicamente determinadas, que los chicos son inherentemente de una forma y las chicas de otra, que los penes y las vaginas están inevitablemente vinculados a ciertas inclinaciones conductuales. Cuando era adolescente, en el vestuario de los chicos circulaban, como si fueran el evangelio, anécdotas que prometían revelar los misterios de la vagina, falacias que acabaron formando parte de mi cosmovisión. No fue hasta llegar a la mediana edad que reconocí que esas conjeturas eran falsas, principalmente porque la separación binaria entre géneros y sexos –ya sea la sociocultural o la genital anatómica– no tiene ninguna base científica. Sin embargo, el esencialismo de género propio de vestuarios sigue siendo una influencia innegable en la mayoría de la gente. No solo afecta a cómo los padres interactúan con sus hijas, sino que también determina una cantidad asombrosa de costumbres mentales vinculadas a la paternidad. Formula nuestras *personas* de padre, define nuestras expectativas del rol de la figura paterna en la familia nuclear. Guía muchas de nuestras acciones en apariencia mundanas y superficiales. Por lo tanto, incluso los padres con las mejores intenciones del mundo siguen reforzando ideas binarias y heteronormativas desatinadas.

Para ser un padre feminista, deberás reconocer cómo estas maneras de pensar desfasadas siguen influenciando nuestras inclinaciones paternales cotidianas y rutinas familiares. Es habitual que les transmitamos a nuestros hijos, sin quererlo, los peores mensajes posibles sobre cuestiones como el género, el sexo, la intimidad y las dinámicas familiares.

Tiene *daddy issues*

En el ámbito de la psicología hay una fluctuación constante de teorías. Siempre aparecen nuevas ideas sobre el cuidado de los hijos, que sustituyen a las que han pasado de moda. La nutrición, la educación, el sueño, el ejercicio, el tiempo ante la pantalla: los expertos en desarrollo infantil se interesan por todo.

Tiene lógica pensar que tendencias innovadoras en la crianza de los hijos ganan preponderancia solo si sus intenciones son buenas, es decir, cuando despiertan en la gente la expectativa de que estas ideas frescas conllevarán progreso y mejores resultados sociales y emocionales. Y con frecuencia, retrospectivamente, lo que antaño se consideraba «revolucionario» puede parecer escandalosamente regresivo. Como es el caso de una teoría que se popularizó a mediados del siglo XX.

Un conjunto de académicos estadounidenses pensaba que habían llegado –de una vez por todas– a una verdad científica incontestable sobre el desarrollo psicológico: la figura paterna es de suma importancia en la transformación durante la adolescencia de una chica. Esta perspectiva es un ejemplo asombrosamente explícito de autoridad patriarcal narcisista. Los doctores, los psiquiatras, las películas y los artículos de revistas explicaron a los padres que jugaban un papel crucial en el despertar sexual de sus hijas. Esta idea desafortunada ha tenido un impacto duradero y problemático en todos nosotros. Es el origen de algunas de las suposiciones sobre el sexo, el género y el consentimiento que damos por sentado. Ha amplificado discursos conflictivos, reforzando falsas ilusiones de esencialismo de género, y ha tergiversado cómo los padres se imaginan su identidad de figura paterna. Si quieres ser un padre feminista, debes conocer bien esta historia. También debes plantearte a conciencia cómo muchas de nuestras actitudes actuales siguen ancladas en un pasado problemático. Solo así podrás reinventar tu *persona* de padre, para que concuerde mejor con la posibilidad de un futuro pospatriarcal.

El primer paso es plantar cara al pasado. En las décadas de 1940 y 1950, surgió una nueva versión de la teoría freudiana de la sexualidad infantil, esta vez centrada en los adolescentes, que fue respaldada tanto por la mayoría de psicólogos y psicólogas como por muchos autores y médicos cuya autoridad influía en las actitudes comunes de la gente y recomendaba las mejores prácticas para la crianza de los hijos.[106] Todos los expertos estaban de acuerdo en que el factor definitorio en el desarrollo sexual de una chica era la manera en que su padre presenciaba su transformación en mujer adulta. El bienestar de la hija dependía, supuestamente, de cómo él reaccionaba a esta segunda edición de su complejo edípico.[107]

Recuerda que expliqué, en la primera parte, cómo el complejo edípico de Freud se basa en *Edipo rey*, la obra de teatro de Sófocles. Es la historia de un chico que está destinado a casarse con su madre y matar a su padre. Freud reconstruyó la historia mitológica como una representación simbólica de una fase universal en el desarrollo infantil. Cuando tiene tres-cinco años, dijo, el niño siente una atracción sexual por su madre, y dirige una agresividad inconsciente a su padre. La fase termina cuando el niño empieza a identificarse con el padre y aprende a reprimir los instintos sexuales. Freud creía que esta fase era una parte formativa del desarrollo psicológico del individuo y, en ese sentido, las memorias de una experiencia edípica traumática podrían propiciar las neurosis de adolescentes y adultos. Pero se suponía que la fase edípica en sí misma se daba por concluida mucho antes de que aflorara la pubertad.

A mediados del siglo XX, después de la muerte de Freud, los psicoanalistas adoptaron una perspectiva distinta. Empezaron a ver la adolescencia como una segunda fase edípica, en concreto, en el desarrollo de las niñas en su proceso de convertirse en mujer. Creían que el comportamiento del padre, su forma de reaccionar a la atracción inconsciente de la hija, determinaba, a la larga, su bienestar emocional, social y sexual. Resumiendo: si papá le presta demasiada atención, nunca estará del todo satisfecha con otro hombre, quedará para siempre obsesionada con su padre. Si le presta demasiada poca, acabará siendo sexualmente promiscua, buscando siempre la validación que no le fue dada; tendrá *daddy issues*. La relación entre padre e hija se convirtió en un malabarismo erotizado de manera extraña.

«Se recreó viendo cómo se probaba su primer par de zapatos con tacón, quedó asombrado cuando apareció con su primer vestido de noche, y le temblaron las rodillas cuando fue a su primer baile de graduación», escribe Rachel Devlin, profesora de historia de la Universidad de Rutgers. Está caracterizando las expectativas culturales más comunes de cómo ser un buen padre en los años cuarenta y cincuenta.[108] Por entonces, los residuos del puritanismo legado de la era victoriana habían pasado de moda, y Estados Unidos estaba en la cúspide de una revolución sexual. La segunda ola del feminismo no cobraría impulso hasta más de una década después; pero la sociedad ya estaba dispuesta a considerar, fresca y empáticamente, las vidas psicosexuales de las mujeres. También había un nuevo nivel de concienciación en torno a la experiencia de las chicas adolescentes.

Helen Valentine empezó a publicar la revista *Seventeen* en 1944, y el primer número, una tirada de 400 000 copias, se vendió en solo cuestión de días. La adolescente moderna –llamada «Teena» en los materiales promocionales que utilizaron para conseguir anunciantes– se convirtió en un nuevo y muy valioso sector demográfico de consumo. Un envío publicitario por correo presentaba a Teena como la estudiante de instituto que «influencia en los hábitos de consumo de su familia, escoge la ropa que viste, el pintalabios que utiliza, la comida que come».[109] Los vendedores no tardaron en ver una gran oportunidad de *marketing*. Ansiaban satisfacer las necesidades de Teena, pero también eran conscientes de que todo el dinero que las chicas quisieran gastar vendría, inevitablemente, del bolsillo de su padre, el sostén económico de la familia. Ningún problema, ella aceptaba el reto de persuadirlo: «Nuestra chica, Teena, no aceptará un no por respuesta cuando vea en *Seventeen* las cosas que quiere».[110]

Algunos académicos sostienen que la publicidad consumista de la revista creó el ideal de chica-púber que hoy en día tenemos normalizado –la imagen que vemos en *sitcoms* de instituto y películas de adolescentes–.[111] Hay estudios que analizan de qué manera *Seventeen* jugó un papel importante en la transformación de la figura paterna: el padre pasó de ser el guardián de la castidad, autoritario y controlador, a un simpatizante liberal de la independencia sexual en ciernes. Este cambio quedó reflejado ampliamente en la cultura pop, donde papá era presentado como un generoso auditor del impresionante poder de consumo de su hija adolescente. Muchos anuncios de la época lo retrataban ayudando a su princesa a escoger su estética (vestidos, maquillaje, joyas). Sin lugar a dudas, la adoraba y quería hacerla feliz, así que los autores de libros de autoayuda y columnas de consejos animaban a papá e hija a irse de compras juntos, como si fuera la ocasión perfecta para estrechar lazos afectivos. Lo alentaban a comentar el aspecto de la chica de formas que la hicieran sentir bonita, digna y segura de sí misma.

A primera vista, papá expresaba una valoración subjetiva de sus elecciones de ropa y cosméticos pero desde la perspectiva de desarrollo psicológico, desempeñaba un papel importante en cómo la chica presentaba su atractivo sexual, siendo cómplice y facilitador. Papá se reservaba el derecho a vetar o consentir sus compras, es decir, permitía y atestiguaba la transformación de su hija en una mujer bella, madura y bien peinada. Le estaba enseñando cómo contar una nueva historia, e indudablemente sus comentarios repercutían en la formación de la identidad de la chica. Y esa era una labor que el padre debía realizar bien, dando el visto bueno a las actitudes de ella de forma que se sintiera segura de sí misma sin ser en exceso presumida, atractiva pero no licenciosa, autónoma pero no desinhibida.

Para hacerlo bien –en este punto todos los expertos coincidían, y lo expresaban explícitamente– el padre debería imaginarse como el primer novio de su hija adolescente. No había insinuaciones incestuosas en esta idea.[112] Se refería más bien a rutinas y episodios con un ligero deje de *eros* simbólico. Como explica Rachel Devlin, «el acompañarla al altar, presentarla en la sociedad en su primer baile, [y] darle regalos» son ritos de pasaje que subrayan que las «chicas deberían acudir a sus padres (no solo deberían: lo harán), antes que a nadie, para ganarse la aprobación sexual».[113] Era un mensaje clarísimo: papá tenía que ser el modelo de hombre por el cual su hija acabaría decantándose para casarse.

Quizás creas que hace tiempo dejamos atrás esta forma tan perturbadora de ver las cosas. Pues te equivocas. Sigue influenciando nuestra percepción de lo que significa ser una figura paterna. Piensa en esta frase, citada con frecuencia, de la obra de teatro *Eurydice* (2003), de Sarah Ruhl: «La boda es para las hijas y los padres. Todas las madres se emperifollan para intentar parecer mujeres jóvenes. Pero la boda es para un padre y una hija. Ese es el día que dejan de estar casados».[114] O estas declaraciones de Gregory Lang, autor superventas de literatura infantil: «Una hija necesita que el padre sea el estándar sobre la base con la que juzgará a todos los otros hombres».[115] O, por ejemplo estas frases, atribuidas a Lady Gaga: «Quiero a mi papá. Mi papá lo es todo. Espero poder encontrar un hombre que me trate tan bien como mi padre». Este tipo de citas inspiradoras adornan innumerables memes en las redes sociales, especialmente los que circulan en el Día del Padre, por lo que validan y afianzan las expectativas que tenemos de figuras paternas. Son mensajes contemporáneos para sentirse bien, ocurrencias que en teoría inspiran a la gente porque resumen lo que significa ser un buen padre.

Del mismo modo, prácticamente todas las columnas de consejos en los periódicos, así como infinidad de listículos o *blogs* en Internet, que hablan de cómo deberían interactuar los padres con sus hijas presentan residuos de ese lazo padre-hija simbólicamente erótico. Consejos otrora buenos sobre cómo los padres pueden contribuir a la independencia y autoconfianza de las chicas se revelan problemáticos cuando pretenden moldear las expectativas de la mujer respecto a futuras relaciones románticas. Planteémoslo de la siguiente manera: es cierto que deberías ir con cuidado de no ningunear la indignación de tu hija, porque es peligrosamente fácil acabar reforzando los discursos culturales que consideran tóxicas, desagradables o poco femeninas todas aquellas mujeres que son categóricas o agresivas. Es decir, no quieres darle a entender a la chica que las buenas mujeres deberían ser complacientes y estar siempre contentas. También es cierto que deberías elogiar su intelecto, su fuerza y sus competencias más que su aspecto. El problema es que consejos buenos como estos a menudo quedan embrutecidos por la implicación de que su objetivo es formular expectativas sobre parejas futuras. Por ejemplo, a menudo oigo a padres que dicen a sus hijas: «Encuentra un marido que te trate incluso mejor que yo». ¡No! Es mala idea plantear así las cosas. En vez de eso, enséñale que cualquier hombre, mujer u otro individuo no conforme a un género –es decir, sea quien sea– debería tratarla siempre con honor y respeto. La dignidad no es una exclusividad de los amantes.

Desgraciadamente, los restos de esta mentalidad de fase edípica versión 2.0 no solo persisten en las redes sociales o columnas populares de consejos; muchos expertos siguen pensando así. Por ejemplo, cuando estaba sacándome el doctorado, a principios de la década de 2010, había una profesora que impartía una clase centrada en la psicología esencial y arquetípica de las chicas. Nos contó historias sobre cómo Zeus adora a su hija Atenea. Un ejemplo: al principio de la *Odisea*, Atenea le suplica a su padre que salve a Odiseo de la intromisión furiosa de Poseidón, que le deje regresar a Ítaca. Homero describe a Atenea como «de ojos brillantes» y «seductora».[116] Imagino que pone ojitos y restriega sus pies de manera coqueta como lo haría un personaje cliché de *sitcom* familiar, suplicándole a su padre la tarjeta de crédito, las llaves del coche, o que revoque el estricto toque de queda que ha impuesto mamá. Es estereotípicamente confabuladora, utiliza el atractivo sexual como una herramienta de manipulación. Vista desde una perspectiva del siglo XXI, Atenea se parece a Teena, y, por supuesto –como un padre ficticio–, Zeus está dispuesto a complacer. ¡No puede resistirse a los encantos de su hijita! La brillante analista jungiana que impartía ese seminario de mi programa doctoral explicó que cuando se trataba de chicas adolescentes, el reto del padre consistía en navegar por fronteras delicadas. Debía enseñar a la chica a encontrar el punto intermedio entre ser una *femme fatale* y una cuidadora en exceso volcada. Lo que esto implica es que la figura paterna debe ser consciente de cómo reacciona a los ruegos de su hija porque esa respuesta determinará cómo ella, en la adultez, se dedicará a ejercer su poder erótico.

Si diseccionamos un poquito este cuadro psicológico nos toparemos con muchos aspectos discutibles y problemáticos. Por ejemplo, es una forma de pensar que peca –imprudentemente– de binaria y heteronormativa. No solo presupone una atracción edípica innata entre una niña y su padre, sino que también presenta esa atracción como el único elemento definitorio en el desarrollo adolescente sano de una chica. ¿Significa eso que la hija de una pareja formada por dos mujeres está irremediablemente condenada porque no hay un objeto sexual simbólico que sea del género apropiado, a saber, un padre? ¿Significa esto que los individuos no conformes a un género –progenitores o retoños– sabotean automáticamente la posibilidad de un desarrollo infantil sano? Ambas ideas están ciertamente implícitas en, por lo menos, un argumento que se emplea a menudo para socavar la igualdad de los matrimonios LGBTIQ+: «¡Las chicas necesitan figuras paternas!». Pero todos los estudios muestran que esa es una aseveración que va muy desencaminada.

Quizás haya tipos específicos de interacciones hijo-padres que sean necesarios para un desarrollo sano, pero no tienen nada que ver con el sexo o género del padre o la madre. Eso debería ser una obviedad. ¿Por qué? Porque, como bien sabes, la familia nuclear, tal como la conocemos hoy en día –con sus roles parentales divididos por género– no se convirtió en la forma de organización estándar hasta la Revolución Industrial. En otras épocas de la historia, la poligamia y la crianza cooperativa se consideraban normales.[117] Como también una plétora de configuraciones familiares varias, así que es absurdo pensar que el bienestar emocional depende objetivamente de si nos adaptamos o no a una estructura familiar que solo lleva unas generaciones en boga. Si fuera así, todas las hembras humanas que alcanzaron la mayoría de edad antes del siglo XVIII hubieran sido víctimas de neurosis sexuales devastadoras. No fue el caso.

Tu novio prototípico

«El amor no consiste únicamente en dar, sino también en tomar», escribe Chimamanda Ngozi Adichie, «este es un punto importante, porque les damos a las chicas acotaciones sobre sus vidas: les enseñamos que una dimensión significativa de su habilidad de querer es su capacidad de sacrificar su yo».[118] Yo diría que es incluso peor de cómo lo plantea Adichie.

La expectativa de que una figura de autoridad paterna debería ser el modelo de una chica para sus futuras relaciones románticas se hace pasar por una estrategia benévola y psicológicamente sensata para luchar contra la desigualdad de género, contrarrestar los discursos misóginos y construir mejores ideales para la condición femenina. A la vez, refuerza, astutamente, el mismo planteamiento patriarcal de siempre según el cual las mujeres deberían ser complacientes y obedientes. Claramente, si papá es visto como el novio prototípico, entonces lo que se está implicando es que en una relación futura de pareja habrá una dinámica de poder asimétrica. En el fondo, un padre nunca es el igual de su hija. Es una figura de autoridad. Además, la supervivencia y el bienestar de la chica dependen completamente de él. O por lo menos eso es la impresión que tiene ella. Pretender lo contrario equivale a hacer luz de gas; es un delirio quijotesco que múltiples generaciones de padres han aceptado sin cuestionar.

En los años cuarenta y cincuenta, la relación erótica papá-hija se vendía como una admisión moderna, progresiva y empática de la independencia de las adolescentes, y en ese sentido resultaba atractiva a aquellos padres más compasivos, como mi abuelo, que querían que sus hijas se convirtieran en mujeres fuertes, autónomas y seguras de sí mismas, como mi madre; pero en realidad, cada caja de golosinas ocultaba una modalidad encubierta de autoridad patriarcal orientada al consumo. Las chicas aprendían que el amor, la atracción y el respeto son cosas que obtienes bajo la atenta mirada de una figura de autoridad, que la dignidad y la valía son como medallas al mérito que se te conceden porque has canalizado las apariencias y conductas más apropiadas.

Con tal de entender por qué tanta gente se tragó este discurso, y cómo puede contrarrestarlo un padre feminista, primero tenemos que situar la fase edípica versión 2.0 en un cambio histórico hacia una organización aparentemente democrática de la vida familiar. Muchos académicos han apuntado que la relación entre padres e hijos tendió a volverse cada vez más igualitaria a mediados del siglo XX. En palabras de las autoras Sonia Livingstone y Alicia Blum-Ross, los padres empezaron a «dar cuentas de sus actos a sus hijos, en una relación que radicaba cada vez menos en la imposición de la autoridad y cada vez más en la cimentación de un respeto mutuo».[119] La vida familiar empezó a ser objeto de negociación. El padre ya no era visto como el duro pastor que debía encorralar a su hija y así garantizar una individualización adecuada. En vez de ello, como argumentó el sociólogo Ulrich Beck, los niños y las niñas empezaron a «individualizarse a *sí mismos*».[120]

Beck se refiere a esto como la *biografización* de la juventud. Lo que quiere decir es que la gente empezó a ver la infancia como el proceso de aprender a escribir tu propia historia. Descubres tu voluntad y autonomía a través de hitos como el primer beso, el carnet de conducir, tu pareja en la fiesta de graduación. Te esfuerzas para *encontrarte a ti mismo/a*. Dentro de este marco, el papel de un padre supuestamente deja de tener tanto que ver con gobernar o conducir, y consiste más en animar y apoyar a sus hijos a medida que estos construyen una narrativa que sea singular, individual y de autoría propia. Agnes Callard, bloguera prolífica y profesora asociada de Filosofía en la Universidad de Chicago, lo conceptualiza como un paso de la «crianza tradicional» a la «crianza de la aceptación». Señala que la palabra *tradición* proviene del verbo latín *tradere*, que significa *entregar*. «Si yo fuera una madre tradicional», escribe, «intentaría darle a mi hijo alguna versión de *mi* vida; como madre de la aceptación, lo que intento darle a mi hijo es algo que no poseo y no conozco».[121] A primera vista, pensarías que este cambio de perspectiva implica alejarse de la autoridad patriarcal narcisista. Pero si observas con detenimiento, te darás cuenta de que –por lo menos en lo referente a los padres y sus hijas– la situación es más delicada y engañosa de lo que parece.

No es trivial que esta transformación de las dinámicas familiares coincidiera con la aparición de una economía de consumo impulsada por los medios. La biografización se logra mediante la autopresentación.[122] Y en un mercado capitalista, esto supone la adquisición de bienes materiales. Regresemos un momento a la explicación de la teoría del yo interpretativo de Erving Goffman que mencioné en la primera parte. Goffman utilizó el teatro como metáfora. Aseguró que el yo, tal como lo conocemos, emerge como reacción a su contexto social. Dicho de otra forma, todos somos intérpretes que respondemos a la reacción que recibimos de nuestros públicos. Un actor que ocupa el escenario de la vida necesita trajes y elementos de atrezo, así que cada blusa, pintalabios, manicura y pedicura, álbum de música y corte de pelo caro es una oportunidad para la autoexpresión, para contar su historia. No es de extrañar que la publicidad en *Seventeen* fuera tan efectiva. No solo le resultaba atractiva a Teena, sino que también le permitía a papá preservar su dominio patriarcal dentro de un hogar cada vez más igualitario. Podía participar en negociaciones familiares en apariencia niveladas a la vez que controlaba subrepticiamente las decisiones de su hija. Podía comunicar su beneplácito y su desaprobación –mezclados con el *eros* y el atractivo sexual– a través de actos de privación o complacencia.[123] Por lo tanto, todavía podía imponer su autoridad como sostén económico mientras alegaba comportarse como un feminista. Podía emitir el voto decisivo en cada aspecto de la biografía de su hija pagando por aquello que le gustaba, a la vez que rechazaba sacar la cartera por aquello que no le hacía tanta gracia. Mantenía su estatus como jefe ejecutivo incluso cuando incentivaba la narrativa personal de voluntad liberada de su hija.

Es un panorama oscuro e inquietante. La relación padre-hija parece una jerarquía erótica transaccional de la cual depende la autoestima de la chica, lo que hace incluso más perturbador que a las chicas se les aconseje que deben interpretar el mismo papel en todos sus futuras aventuras románticas. Quizás esto arroja algo de luz sobre por qué un estudio de 2018 del Global Wealth Management de UBS encontró que un 71 % de las mujeres casadas con hombres creen que sus maridos deberían ser responsables de proporcionarles una sensación de seguridad financiera, y un 87 % de los maridos dijeron que eso es justo lo que esperaban hacer. ¿Podría ser que la intrincada conexión entre la autoridad financiera del padre y el encanto sexual de la hija se reproduzca en la adultez? Para los mayores, sí se reproduce: el marido patriarcal y su esposa –metafóricamente, su sirvienta– ahora se hacen pasar por cónyuges iguales. La situación es incluso más preocupante si consideramos que estas actitudes no se limitan a aquellos que llegaron a la mayoría de edad en los años cuarenta y cincuenta. Las mismas perspectivas perseveran incluso entre *millennials*. Un 61 % de mujeres jóvenes, nacidas entre las décadas de los ochenta y los noventa, reconocieron que defieren a sus maridos la toma de decisiones financieras; eso es un porcentaje mayor que el de la generación X (55 %) o los *boomers* (54 %).[124] Como Alexandra Killewald, profesora de sociología de Harvard, explicó al *New York Times* en 2018: «Hemos preservado la idea de que los hombres deberían proveer, pero nos hemos despojado de la idea de que las mujeres deberían ser las amas de casa».[125] Incluso en la era *#MeToo*, el concepto de una erótica transaccional entre padre e hija, que se originó en los años cincuenta, sigue vivito y coleando. Solo que se oculta en las sombras.

Por eso mismo, un padre feminista ha de reconocer que, incluso cuando lo intenta lo mejor que puede, es posible que discursos misóginos caducos afecten no solo sus decisiones a la hora de formular una *persona* paterna, sino también a la hora de interpretar prácticas parentales y relacionarse con sus hijos. Hay que tener en cuenta que incluso las mejores intenciones paternas podrían albergar acotaciones distorsionadas que refuerzan de manera inadvertida las dinámicas de poder patriarcal. A primera vista, quizás parezca que todo va sobre ruedas. Papá lo hace lo mejor que puede, hace todo lo posible para criar hijos e hijas equilibrados y seguros de sí mismos. Acepta la idea de una dinámica familiar más democrática. Reconoce que lo más conveniente para sus hijos es que expulse de su repertorio el autoritarismo de los rayos, del «papá es quien mejor conoce la situación», pero no basta con eso. Hace falta más para ser un padre feminista. También es necesario mostrarse siempre escéptico, nunca bajar la guardia y emplear las herramientas de la conciencia crítica. Si no eres excepcionalmente consciente de cómo negocias con tus hijos, quizás acabes reproduciendo los mismos discursos sexistas en torno a la identidad a los que has declarado la guerra.

Especialmente si está criando hijas, un padre feminista debe preguntarse: ¿cómo puedo apoyar su proceso de biografización sin reforzar las inequidades binarias y heteronormativas que la fase edípica versión 2.0 pretende normalizar? Y por si no fuera poco, debes preocuparte de todo esto a la vez que rehúyes de la autoridad patriarcal narcisista. Dicho de otra forma: debes alentar sus aptitudes para escenificar una *persona* autónoma, y simultáneamente, mantener bien lejos de los focos tu propio cuento de hadas donde eres el padre/rey. La clave está en una crianza responsiva. Debes reconocer que tú y tu hija participáis en un proceso de cobiografización. Ella debería poder perfilar tu narrativa de identidad figura paterna, del mismo que tú perfilarás, inevitablemente, su narrativa de identidad adolescente.

Esto me quedó clarísimo la primera vez que escuché la frase «mitos que chocan». Por entonces tenía treinta años, y fue justo después de que mi hijo menor naciera, inmediatamente después del episodio depresivo que describí en la primera parte. Asistía varias veces por semana a sesiones de terapia con una analista jungiana. Por aquella época, gran parte de mi ansiedad y desasosiego mental se debía a que estaba descubriendo que muchas de las decisiones vitales que había ido tomando no se correspondían a la imagen que tenía de mí mismo y la máscara de *persona* de figura paterna que intentaba mostrar a mis hijos. Por lo tanto, la mayoría de mis sesiones consistían en revisitar historias de mi infancia. Es decir, me pasé mucho tiempo lloriqueando y quejándome de mis padres y mis hermanos mayores. Cuando era pequeño tenía la sensación de que nadie me veía. Me sentía invisible, como si nunca quisieran reconocer que mis experiencias divergían de las suyas. Un día, después de una diatriba egocéntrica, mi analista se me quedó mirando, inclinó la cabeza hacia un lado, y dijo con vehemencia: «Bueno, todos estamos viviendo en mitos que chocan, así que no entiendo por qué querías que te vieran como el héroe cuando obviamente ese no era tu papel en ninguna de sus historias». Me voló la cabeza, y cambió mi manera de interactuar con las personas que había en mi vida, especialmente mis hijos. Me hizo darme cuenta de que una dinámica familiar democrática de verdad tiene que ser un batiburrillo caótico y vertiginoso de biografías compartidas y contradictorias.

Quiero ser transparente en una cosa: yo no tengo hijas. Es decir, no tengo hijos que se identifican como chicas. Reconozco –como deberían hacerlo todos los padres feministas– que a quienes se identifican como chicos les resulta más fácil recibir el mensaje de que su proceso de biografización autónoma es más válido que el de quienes se identifican como chicas. Todos los códigos culturales consolidan constantemente la idea de que los chicos tendrán, un día, derecho a ejercer una autoridad patriarcal narcisista. En el caso de las chicas, sin embargo, sucede lo contrario. La mayor parte de mensajes que reciben en la televisión, en Internet y en la publicidad les están diciendo que los hombres de sus vidas son quienes deberían definir sus historias. Por eso los padres deben hacer un esfuerzo adicional para contrarrestar los mensajes consumistas encubiertos propios de la fase edípica versión 2.0. ¿Cómo puedes hacerlo? Prestando gran atención a las historias que están contando tus hijos e hijas, no solo a través de sus palabras, sino también a través de sus acciones. Recuerda, tú no eres ni su juez ni su benefactor, así que no intentes arreglar las cosas; sus identidades no son neumáticos pinchados, grifos que gotean, o deudas que deben pagarse. Simplemente escucha, observa, y hazles saber que (en la mayoría de los casos) estarás dispuesto a implicarte de lleno en su cuento de hadas exactamente tal como te lo están describiendo, hasta el punto de modificar tu propia historia para que así sintonice con la suya.

La hija de alguien

¿Cuántas veces has escuchado alguien que dice que todos los hombres deberían ser feministas porque toda mujer es la hija de alguien? Parece que siempre que se da una cobertura periodística especialmente mediática de un caso de iniquidad sexual protagonizado por una mujer famosa, comentarios y memes de este tipo inundan Internet. Imagínate que fuera tu madre. ¿Te gustaría que alguien tratara así a tu hermana? ¡Es la hija de alguien! A primera vista, analogías como estas podrían parecer una forma razonable de suscitar comprensión y empatía. Al fin y al cabo, presuponemos que la gente puede asimilar mejor una idea si la contextualizamos de manera que sintonice con su experiencia personal inmediata, pero no siempre es el caso. No podemos dar por sentada la *hipótesis de altruismo-empatía.*[126]

La hipótesis de altruismo-empatía es un concepto acuñado por primera vez por el psicólogo C. Daniel Batson. Radica en la conjetura de que la empatía siempre es buena porque, supuestamente, si una persona es capaz de imaginarse cómo se siente otra, automáticamente sentirá compasión, preocupación proactiva y un deseo de ayudar. La mayoría de nosotros damos esto por sentado: equiparamos la empatía a la bondad. Pero varios estudios han mostrado, repetidamente, que la empatía no siempre se correlaciona al altruismo. Por ejemplo, un estudio de neuroimaginería descubrió que los fans de los Red Sox y los Yankees sienten tristeza cuando su equipo es eliminado, pero experimentan placer cuando se imaginan la decepción que podrían vivir los fans rivales ante el fracaso de su equipo. Ambas son reacciones empáticas. Una es compasiva, la otra es lo que suele llamarse *schadenfreude*, es decir, el placer que alguien experimenta cuando presencia o se imagina la desgracia de los otros.[127] Por lo general, la gente tiende más a sentir la versión altruista de la empatía, la que despiertan por los seres queridos o miembros de su propia comunidad, aquellos con quienes tienen un lazo de *philia*. Así que un padre podría ser magnánimamente empático hacia su propia hija –quizás incluso hacia mujeres que le recuerdan a su hija– y, sin embargo, seguir siendo un cretino misógino en cualquier otro contexto.

Obviamente, ser un padre feminista poco tiene que ver con querer a tu propia hija, o incluso con sentir empatía hacia otras personas que sitúas en la misma categoría que tu hija. En vez de ello, a lo que debes comprometerte es a poner fin a la opresión, la explotación, la desigualdad y el resto de formas de injusticia social. No hay razón para presuponer que tener una hija te empujará hacia esa dirección. De hecho, hay pruebas de que algunos padres redoblan su dosis de autoridad y opresión patriarcales precisamente porque quieren a sus hijitas. Algunos estudios han demostrado que criar hijas puede hacer que algunos hombres sean más propensos a adoptar posiciones conservadoras en lo referente a asuntos políticos vinculados al género como el aborto, el sexo adolescente y la discriminación positiva.[128] Supuestamente, se aferran a antiguas nociones de proteccionismo paternal y posesión de las mujeres. Papá pasa a ser más territorial, más controlador, más patriarcal, como si su labor, en un mundo despiadado como este, fuera proteger a sus mujeres de la amenaza salvaje que representan el resto de hombres. Quizás crea que está siguiendo un guion evolutivo. «Debes custodiar; ¡los instintos de tu cerebro-reptiliano te obligan a proteger tu patrimonio patrilineal!». Por supuesto, nada de eso es cierto. No es más que otra tentativa de utilizar el esencialismo de género propio de vestidores para consolidar la misoginia sistemática.

Otros estudios han señalado que tener hijas hace que algunos hombres adopten actitudes políticas más liberales. Adam N. Glynn, de la Universidad de Emory, y Maya Sen, de la Universidad de Harvard, compararon la constitución familiar de 224 jueces de las cortes de apelaciones de Estados Unidos con los desenlaces de casi mil casos vinculados al género que presidieron, casos que tenían los términos «género», «embarazo» o «sexo» en el sistema de clasificación de titulares de LexisNexis. Glynn y Sen descubrieron que «los jueces que tienen hijas votan consistentemente de forma más feminista en cuestión de asuntos de género que los jueces que solo tienen hijos».[129] Pero estos resultados no son conclusivos. Otro estudio, realizado en 2018 por Elizabeth A. Sharrow y sus colegas de la Universidad de Massachusetts, descubrió que un padre tenderá a respaldar políticas de equidad de sexo si su hija es la *primogénita*. Lo llamaron *el efecto de la primera hija*. Independientemente de la edad o afiliación política en ese momento, los padres solían dar más apoyo a políticas feministas si su primogénita se identificaba como hembra. Simplemente ser el padre de una hija, o de más de una hija, no tenía el mismo efecto.[130] ¿Qué podemos deducir de todos estos hallazgos contradictorios? Más bien poco. No hay pruebas empíricas definitivas para respaldar la idea de que los padres cambian su forma de ver las cosas, ya sea acercándose al feminismo o alejándose de él, debido a sus hijas.

Sin embargo, muchos hombres creen que se vuelven más empáticos hacia los problemas de las mujeres después de tener hijas. Eso es lo que pretendía insinuar el *hashtag #GirlDad* (papa de chica) que estalló en Twitter a principios de 2020. La gente lo interpretó exactamente de esa forma, felicitando a aquellos que tuitearon sobre sus princesitas. ¿Acaso sorprende esta reacción? El efecto padre-hija es un supuesto muy extendido, una de esas cosas que muchos de nosotros damos por sentado sin apenas cuestionar. Piensa en cuán a menudo escuchamos declaraciones de famosos particularmente mujeriegos; tras convertirse en un *#GirlDad*, afirman que se arrepienten de sus comportamientos de juventud. Quizás sea un músico célebre que años antes escribió letras irrespetuosas y violentas sobre conquistas sexuales. Quizás sea un cómico cuyos antiguos monólogos se basaban en estereotipos sexistas y misóginos. En el momento que tienen hijas, expresan remordimientos sobre sus anteriores conductas y retóricas. ¡Han experimentado un gran despertar feminista! Pero parece que lo que realmente les perturba, en la mayoría de casos, es la idea de que su querida hija pueda convertirse en la presa de hombres *innatamente predispuestos* a la agresión sexual. Este tipo de revelaciones quizás tengan su gracia como fragmento de vídeo de un *late night* televisivo, pero la realidad es que este proteccionismo paternal no es más que otra manifestación del esencialismo de género propio de vestuarios, y solo sirve para reforzar el *statu quo* patriarcal.

Veamos un par de ejemplos más. La autora Kyl Myers, hablando de lo difícil que resulta escoger ropa para un infante de género neutral, se queja de piluchos y camisetas con frases sexualizadas como «Encierra a tus hijas» o «Papá dice que nada de citas hasta que tenga 40 años».[131] Este tipo de discursos también abundan en las bromas que a menudo escucharás de la boca de padres primerizos. En una ocasión uno me dijo, «la primera vez que venga un chaval para salir con mi hija, colgaré sus huevos de la puerta como advertencia a los otros». Estas ideas se hacen pasar por amor custodial y proteccionista, pero no tienen nada que ver con ser un padre feminista. Lo que hacen en realidad es perpetuar falacias de determinismo biológico. Lo cierto es que aquellos que se identifican como chicos (o se les ha asignado biológicamente este género) no están más cachondos por naturaleza, ni tampoco son más propensos a conductas sexuales imprudentes, que aquellos que se identifican como chicas (o se les ha asignado biológicamente este género). Y, de hecho, aunque ese fuera el caso, no le correspondería a un padre la tarea de supervisar las decisiones sexuales de su hija. El cuerpo de la chica no es de su propiedad. Es la responsabilidad de todos los padres y madres criar hijos e hijas seguros de sí mismos que puedan tomar decisiones bien fundadas sobre sus conductas sexuales consentidas. Pero, si realmente crees que tu hija es tan delicada que pierde su autonomía y juicio cuando se queda a solas con su pareja, si crees que sensaciones físicas extrañas y confusas la sobrepasarán y exasperarán, estás muy equivocado.

El caso es que no hay nada más alejado del feminismo que un padre que desea preservar la pureza sexual de su hija. La idea de que el desdén recién adquirido de un *#GirlDad* hacia los seductores y depredadores pudiera ser de algún modo antipatriarcal es igual de absurda. Quizás un padre quiera que la gente trate a su hija con respeto y dignidad, desde luego; pero eso no tiene por qué ser representativo de su postura general respecto a las mujeres. Kate Manne analiza este concepto excepcionalmente bien en su libro *Down Girl: The Logic of Misogyny* (2017). Hace una distinción importante entre sexismo y misoginia: «El sexismo viste una bata de laboratorio; la misoginia sale a cazar brujas». Con eso se refiere a que el sexismo tiene que ver con ideología. Pretende justificar la desigualdad aseverando que existen diferencias inherentes entre los sexos. Alguien sexista defiende que los hombres son más proclives a adoptar ciertos roles sociales, y las mujeres, otros; o que los hombres tienden a conductas sexuales específicas, y las mujeres, a otras. Tolerar las falacias del determinismo biológico implica conceder que la lucha contra el desequilibrio o la discriminación es inevitablemente fútil, que la desigualdad es, simplemente, el estado natural de las cosas y que así es como se supone que debemos ser.

A diferencia del sexismo, la misoginia tiene que ver con «imponer» y «vigilar», dice Manne. Se manifiesta en forma de acciones, discursos y actitudes que preservan y fortifican las posiciones de poder privilegiadas de los hombres cisgénero. La palabra *misoginia* significa literalmente «odiar a las mujeres». Combina los términos griegos μισό (*miso*), es decir «odio», y γυνή (*gyna*), es decir «mujer» o «hembra». Como explica Manne, los misóginos «no tienen por qué odiar a las mujeres universalmente, o ni tan solo como costumbre».[132] Puedes querer a tu hija, sus amigas, sus compañeras del equipo de básquet.[133] Puedes contratar a mujeres y pensar que son personas competentes.[134] Pero seguirás siendo misógino si detestas a las mujeres sin pelos en la lengua o ideas políticas feministas porque en realidad estarás oponiéndote a posibles alteraciones del *statu quo* patriarcal.

Ten bien clara esta distinción si quieres ser un padre feminista. Debes reconocer que es perfectamente factible que un padre crea que su hija merece igualdad y, sin embargo, siga aferrándose a muchos de los presupuestos sexistas del esencialismo de género propio de vestidores. Del mismo modo, en lo referente a las estructuras misóginas de poder, un padre quizás quiera que su hija se sienta libre y empoderada a la vez que continúa supervisando sus comportamientos de un modo que preserva su autoridad patriarcal narcisista.

La analogía de la-hija-de-alguien se desmorona fácilmente. En el mejor de los casos, es ingenua, autocomplaciente y sentimental. En el peor, es una muestra más de autoridad patriarcal narcisista (la valía de una mujer no debería definirse según su relación con un hombre; sino reconocerla como individuo, no solo la hija de alguien). Se mire como se mire, una cosa está clara: no hay razón para vincular el amor paternal a inclinaciones feministas. Si acaso, plantear lo contrario –que Papá sería tanto sexista como misógino– parece una apuesta más segura. ¿Por qué? Porque, como he explicado antes, la familia nuclear es una forma inherentemente patriarcal de clasificar y organizar grupos pequeños de individuos bajo el control de un hombre. Incluso hoy en día, sigue girando en torno a la misma división del trabajo, radicada en la separación de géneros. Además, la mitología edípica de la ascendencia homicida y el deseo erótico entre padre e hija perduran en las bases de nuestra percepción predominante de qué hace falta para ser un buen padre. Por lo tanto, no hay razón para llegar a la conclusión de que a un hombre con familia le importan tácitamente los problemas de las mujeres. En algunos casos quizás intente involucrarse, y es posible que sus intenciones conscientes sean honestas; pero no hay escapatoria a la misoginia latente en la familia nuclear.

Por supuesto, no estoy insinuando que debamos deshacernos de la familia nuclear, aunque las cosas parece que tienden hacia esa dirección. Según un informe Pew de 2020, solo tres de cada diez *millennials* viven con un cónyuge y su hijo u hijos biológicos. La mayoría no están casados, o se casaron mucho más tarde que las generaciones previas. Si bien un 40 % de los hombres *millennials* de entre 24 y 37 años de edad han engendrado hijos (en comparación al 46 % de hombres de la generación X de esa misma franja de edad), solo un 32 % de ellos afirman estar viviendo con sus hijos biológicos (en comparación al 41 % de los hombres de la generación X, el 44 % de los *boomers* y el 66 % de la generación anterior).[135] Claramente, la familia nuclear está en horas bajas. A pesar de ello, no me opongo a ella.

Vivo en un hogar que se parece a la estructura de la familia nuclear. Es decir, nos acercamos a ese modelo a pesar del divorcio y las limitaciones de la custodia compartida. Mientras escribía este libro, me mudé a vivir con mi pareja, Amanda y sus dos hijos, que, como los míos, se pasan la mitad del tiempo viviendo en nuestra casa. Somos una familia tan nuclear como podría serlo una compuesta de hermanastros, hijastros, padrastros y madrastras. Cenamos juntos, disfrutamos de noches de juegos y películas, y las riñas entre hermanos son más habituales que excepcionales. Pero en lo referente a ser un padre feminista, nada de lo que implica «ser nucleares» hace que las cosas sean más fáciles; al contrario, lo dificulta todo. Ahora que vivimos juntos, debo ser especialmente consciente de que la organización de nuestro hogar es de manera inherente patriarcal. Debe ser constante el afán por superar las inequidades intrínsecas y suscribirse a una versión de la paternidad que sea deliberadamente antisexista. A tal fin, anuncio mis intenciones feministas a toda la familia con cierta regularidad, pero en realidad eso no es suficiente. «Padre feminista» no es un disfraz que pueda coger del armario y ponerme. No es una postura política que pueda imprimir en una camiseta, o un *selfie* que pueda colgar en Instagram. No, debo tomar decisiones proactivas que afirmen mi compromiso perseverante con la igualdad de género. Y para lograrlo, empiezo por el lugar más obvio: abordo críticamente la distribución de las tareas domésticas.

Los estudios demuestran consistentemente que, incluso en los hogares de la mayoría de matrimonios con esposos orgullosos de ser progresistas –que se autodeclaran hombres evolucionados y feministas– las tareas domésticas siguen distribuyéndose de forma desigual. Si bien es cierto que en las últimas décadas los hombres se han involucrado más en el cuidado de la familia, las mujeres siguen siendo las cuidadoras por defecto. La autora Darcy Lockman menciona que incluso las madres que trabajan «dedican el doble de tiempo al cuidado de la familia que los hombres».[136] Y los padres lo saben; no pueden hacerse los suecos. Según explican los investigadores académicos, los hombres que están esperando un hijo anticipan que sus esposas carguen con una mayor parte de las responsabilidades del cuidado del recién nacido. Seis meses después, los mismos padres informan que hacen incluso menos de lo que habían previsto inicialmente. Incluso en hogares con niños mayores o adolescentes, se detecta el mismo desequilibrio. Las madres tienden mucho más que los padres (estén casados o divorciados) a encargarse de concebir, planear, organizar, gestionar y ejecutar la logística de las vidas de sus hijos. Coordinan el transporte a partidos de fútbol, reúnen suministros para salidas escolares, mantienen a los niños centrados en sus deberes, preparan fiestas de cumpleaños, programan las visitas de compañeros de clase para quedarse a dormir, conciertan citas con el pediatra, y mucho más. ¿Qué mensaje reciben los niños cuando presencian este reparto desigual? ¿Qué conclusiones sacan sobre el género? Claramente, las habilidades que se requieren para desempeñar todas estas tareas no se correlacionan con las competencias «femeninas», pero los niños observan a sus padres, y acaban dando por sentadas las expectativas sexistas implícitas (y a menudo explícitas) de la familia nuclear patriarcal.

Los padres, por cierto, tienden a dedicar mucho más tiempo a jugar con sus hijos –a pasarse la pelota en el patio, participar en alborotos joviales y provocaciones prosociales, o consumir medios y videojuegos–.[137] Parece que no hay nada de malo en esto, pero también refuerza la autoridad patriarcal narcisista. Transmite a los niños –como la manida imagen del esposo vago a quien le sirven la cena y la cerveza mientras mira el partido de fútbol– el mensaje de que el hogar lo mantiene la mujer con el propósito de crear un espacio de ocio y descanso masculino. Peor todavía: cuando se trata del cuidado de la familia, incluso los papás que se consideran progresistas, evolucionados y feministas tienden a verse como meros ayudantes y canguros, y no como los administradores resueltos de labores cotidianas de crianza. Se contentan con echar una mano cuando mamá se lo pide, pero cuando sumas todas sus contribuciones, los padres se parecen mucho más a niños –a serviciales hermanos mayores, en todo caso– que a progenitores que se reparten de forma equitativa la responsabilidad.

Teniendo todo esto en cuenta, Amanda y yo nos resistimos mucho tiempo a irnos a vivir juntos. Ambos teníamos miedo de despertarnos un día y descubrir que habíamos emulado accidentalmente los patrones de género desiguales de la familia nuclear. Llevamos juntos una década como pareja romántica comprometida. Hace años escribí un ensayo para el *Good Men Project* donde describía la situación de la siguiente manera: «Cada día intentamos deducir qué es lo que pueden sacar de una relación dos rebeldes natos con una aversión instintiva a las restricciones y las ataduras. Yo no pertenezco a nadie. Ella diría lo mismo. Nuestra cercanía mutua radica en una especie de distancia diseñada para evitar el cliché «tú-me-completas». Más bien compartimos una adoración mutua por la independencia el uno de la otra».[138] Para reforzar esta sensación, decidimos vivir por separado, asegurándoles constantemente a amigos y conocidos que no nos iríamos a vivir juntos hasta que los niños se hubieran marchado de casa. Nos aterraba la posibilidad de que la pasión y el afecto que sentíamos el uno por la otra acabaran obliterados por el resentimiento y la frustración.

Un día, en plena pandemia de coronavirus, cambiamos de opinión. Discutimos sobre cómo nuestros constantes mensajes de texto y citas nocturnas semanales en persona ya no satisfacían nuestro deseo mutuo de una vida en pareja con sensaciones más profundas. Ambos queríamos a alguien especial con quien compartir las vicisitudes diarias de nuestras vidas, y una relación mantenida principalmente a través de la comunicación digital no parecía tener sentido, dado que pasábamos la mayor parte de nuestro tiempo en casa.

Al menos, eso es lo que nos dijimos el uno a la otra, pero también es posible que, en una atmósfera tan impregnada de incertidumbre política, médica y financiera, reconociéramos una nueva dimensión de confort en el modelo familiar y heteronormativo de la familia. ¡No era el momento de quebrantar más reglas! Así que buscamos una casa, y ahora vivimos felices y comemos perdices.

Los cuentos de hadas protagonizados por princesitas normalmente se asocian con los pasillos rosas de la juguetería, pero la verdad es que «vivir felices y comer perdices» es algo que beneficia más a los hombres cisgénero que a las personas que se identifican como mujeres. Por mucho que la industria de las bodas quiera vender el matrimonio como la consecuencia inevitable del *amor verdadero* entre *almas gemelas* iguales, el trasfondo misógino es innegable. La convivencia heterosexual solía ser contractual y económica, con frecuencia no era más que una institución a la que los hombres recurrían para poder gestionar a las mujeres y los niños como su propiedad.[139] Así pues, ¿qué puede hacer un padre feminista? Quizás desee vivir en una familia nuclear y abrazar una identidad de figura paterna binaria, y, sin embargo, plantar cara al conjunto de creencias y estructuras que algunos teóricos llaman el «heteropatriarcado».[140] Debe encontrar pequeñas estrategias cotidianas para evitar reproducir las dinámicas supuestamente neutrales de la vida en pareja «hetero».

Una cosa que hacemos Amanda y yo es llevar una puntuación. Por supuesto, la sabiduría común respecto a las relaciones nos cuenta que nunca deberías llevar un marcador, porque el «amor verdadero» no es una competición; aunque está claro que, si nadie se encarga de llevar las cuentas, las cifras siempre tenderán a beneficiar a Papá. Simplemente circulan demasiados discursos que acomodan expectativas de género inequitativas como para que alguien pudiera creerse realmente que solo bastan el amor y la dedicación para equilibrar de forma totalmente satisfactoria las dinámicas de las parejas homosexuales.

Un padre feminista sabe que, en una cultura donde tanto las mujeres como los hombres han sido educados para tragarse la falacia de que una familia sana combina la fase edípica versión 2.0 con la autoridad patriarcal narcisista, se necesitan muchas conversaciones deliberadas –e incluso más listas de control– para garantizar que las responsabilidades de la casa y el cuidado de la familia se reparten de forma equitativa.

Vagina dentata

Es bastante revelador que muchas de las cosas que he planteado sobre los padres y sus hijas han estado asociadas, por lo menos tangencialmente, al eros heterosexual. Demuestra lo muy ceñidamente atados que pueden estar los zarcillos del esencialismo de género propio de vestidores. Incluso cuando intentamos deconstruir creencias sexistas sobre la paternidad que han sido normalizadas, cuesta alejarse de ideas falsas sobre el supuesto tirón innato de la atracción hacia el sexo opuesto. Ya sea la historia incómoda del erotismo simbólico entre papá e hija, o el falso pretexto del proteccionismo paternalista, nuestras actitudes están profundamente influidas por la presuposición problemática de que la identidad de género se responde a una separación binaria de los genitales.

Muy a menudo otros padres me hablan de la pronunciada curva de aprendizaje que sufrieron mientras descubrían cuál era la mejor manera de criar a sus hijas. Por ejemplo, una observación que escuché con frecuencia mientras entrevistaba informalmente a amigos y familiares para escribir este libro era lo difícil que les resultó acostumbrarse a las emociones de las chicas, a la fragilidad de sus inclinaciones psicológicas, y su propensión a internalizar las críticas. Obviamente, son estereotipos comunes que han sido desmentidos cientos de veces, pero incluso muchos de los mejores padres que conozco –gente que sin ninguna duda refutaría ideas sexistas de este tipo en un contexto laboral –por lo visto creen que quizás podría haber resquicios de verdad en estas conjeturas problemáticas sobre las hijas.

Ya he dejado claro a lo largo de este libro que estoy convencido de que la anatomía reproductiva humana no radica en una separación binaria. Es un espectro. Pero eso no significa que no haya retos exclusivos a la crianza de personas que se identifican como chicas. Lo que significa es que esos retos particulares han sido determinados culturalmente. Sí, todos conocemos padres a quienes les encanta proclamar que no pintaron la habitación de la cuna o vistieron a sus hijos con los colores convencionales. Nada de azul. Nada de rosa. «Y, sin embargo, hubo diferencias muy evidentes entre mi hijo y mi hija». Eso es lo que me confesó un padre mientras animábamos a nuestros hijos alborotados a actuar como *Jedis* de la rebelión guerreando contra la Flota Imperial Sith. «¡Le gustan los camiones y la lucha! ¡Y no entiendo por qué ella se convirtió en una chica tan amariposada, obsesionada con las princesas! Mi mujer no es así».

Muchos padres recurren a este tipo de pruebas anecdóticas que en realidad no tienen demasiada utilidad. Supongo que es más fácil atribuir la desigualdad a la anatomía que aceptar la propia culpabilidad. Todos queremos a nuestros hijos y todos detestamos tener que esforzarnos tanto por protegerlos de fuerzas que parecen estar fuera de nuestro control, pero un padre feminista debe asumir los hechos. Hay numerosos estudios académicos en el ámbito de las ciencias sociales –por no hablar de la cantidad exhaustiva de libros divulgativos– que demuestran cómo las actitudes en torno al género son reproducidas culturalmente. El sexismo es ubicuo, y los niños acaban internalizándolo por mucho que sus padres intenten guarecerlos. Los compañeros de clase, los anuncios de juguetes y los medios ejercen una influencia mucho mayor en las actitudes de los niños que sus propios padres.[141] Los niños reciben mensajes codificados sobre el género por todos los sitios: masculinidad tóxica en dibujos animados, animadoras que hacen morritos en Instagram, dramas edípicos en el cine. La autora y socióloga Kyl Myers lo describió la mar de bien: «Hay cierta obcecación por la idea de que pene equivale a chico y vulva equivale a chica; y una vez ha arraigado, los niños y niñas son colocados en cintas transportadoras diferentes y así siguen avanzando por la vida».[142] A no ser que optes por una crianza de género creativa, como hizo Myers –utilizando pronombres neutros– puedes estar seguro de que la mayoría de interacciones que tendrá tu hijo con adultos y otros niños incluirán mensajes sobre expectativas de género, ya sean sutiles o explícitos.

Si todo esto es tan evidente, ¿por qué hay tantos padres que siguen apoyando estereotipos sexistas? ¿Por qué tienen la sensación de que la conducta de sus hijas es algo críptico y desconocido? Está claro que algunos de ellos simplemente se niegan a aceptar la verdad científica. Como aquellos que creen que la Tierra es plana, no se puede razonar con ellos. Pero estos no son los hombres a quien quisiera dirigirme. Ni tampoco los papás que ignoran deliberadamente los hechos porque desean mantener de forma intencionada la autoridad y privilegio injustos que les proporciona el patriarcado. Y en cualquier caso, dudo que sean los hombres que estén leyendo este libro. Los papás que me interesan son aquellos que por lo general son razonables, pero que, sin embargo, siguen creyendo, obstinadamente, que la vagina tiene poderes misteriosos y sobrenaturales; secretos que no revelará, acertijos que la ciencia nunca resolverá. Esta mentalidad me hace pensar en un arquetipo llamado *vagina dentata*.

El concepto *vagina dentata* se refiere a la imagen de una vulva circundada de dientes afilados. El ejemplo más claro proviene de un mito de los indígenas norteamericanos,[143] pero hay muestras por todo el mundo y a lo largo de distintos periodos históricos. Hay pinturas, grabados y dibujos de óvalos con forma de almendra (a veces llamados *mandorlas*) –de extremo superior puntiagudo y una base parecida a la sección superpuesta de un diagrama de Venn– con colmillos serrados y protuberantes que circunscriben el borde. En las leyendas maoríes de la Polinesia, Hine-nui-te-pō es la diosa del inframundo. «Su boca es la de una barracuda, y ahí donde los hombres la penetran tiene dientes afilados de obsidiana y roca verde».[144] Disney se inspiró en el folklore polinesio para su película animada *Moana* (2016), pero decidieron no incluir este personaje.[145] Algunas tradiciones presentan mitos donde una serpiente se esconde dentro de la vagina. A veces, es un cangrejo o una piraña. En casi todos los casos, la *vagina dentata* se asocia a la idea de que dentro de algo atractivo acecha algo peligroso. Incluso se dice que la palabra *pussy*, propia de la jerga inglesa, tiene su origen en este arquetipo: los gatos son mullidos, suaves y cálidos, pero también tienen afiladísimas garras y dientes.

Muchos psicoanalistas aseveran que la *vagina dentata* representa el miedo a la castración. En ese sentido, la crítica feminista Camille Paglia lo considera una imagen bastante directa. «Metafóricamente, todas las vaginas tienen dientes ocultos, pues el macho sale siendo menos de cuando entró». Dice que «los mecanismos básicos de la concepción exigen una acción por parte del macho, pero nada más que receptividad pasiva por parte de la hembra. El sexo como una transacción natural en vez de social, por lo tanto, es en realidad una especie de drenaje de energía masculina por parte de la plenitud femenina. La castración física y espiritual es el peligro en el que incurre todo hombre en el coito con una mujer».[146] Desde el punto de vista de Paglia, la idea de una vagina misteriosa y sobrenatural está vinculada al pavor de los hombres ante lo que suele llamarse emasculación. Seguro que has conocido padres que se aferran a una *persona* modelada en la imagen del estoico padre televisivo de los años cincuenta (padre, rey, comandante, proveedor, protector, sustento económico). Cualquier caracterización que no sea esa daña sus egos. ¿Podría esto explicar la confusión que experimentan algunos padres a la hora de criar hijas? Quizás asocian inconscientemente el poder de la vagina como una amenaza a su propia fuerza. «Teena es manipuladora; ¡quizás sea más astuta que yo!» Quizás no quieren renunciar al esencialismo de género típico de vestuarios porque convertirse en padres 100 % feministas –es decir, sumergirse de lleno en una crianza responsiva– supondría renunciar a demasiados privilegios y comodidades.

El problema con esta interpretación es que se basa en una autoridad patriarcal narcisista. Insinúa que el privilegio masculino es algo válido. Como señala la filósofa Luce Irigaray, tanto la «ansiedad de la castración» como la «envidia de pene» son muestras problemáticas de la mentalidad falocéntrica. Lo vincula a Freud, quien especuló que nuestras experiencias tempranas observando los padres del sexo opuesto al nuestro constituyen la base de nuestra psicología adulta. Freud se imagina la primera vez que un niño o niña avista el adulto desnudo: se presupone que el órgano visible (el pene) es lo normal, mientras que la vulva es considerada una ausencia, y no tanto algo diferenciado. Irigaray escribe, «NUNCA HAY (O HABRÁ) UNA NIÑA PEQUEÑA» (las mayúsculas son suyas). En vez de esto, las niñas pequeñas son vistas como niños pequeños sin pene. Según esta teoría, se las define según lo que falta. Irigaray prosigue, «"Él" *ve* la desventaja para la cual "él" está *destinado anatómicamente*: "él" solo tiene un órgano sexual bien pequeñito, en realidad ni eso, un órgano sexual prácticamente invisible. El clítoris casi imperceptible».[147] Esa es la peor versión del esencialismo de género propio de vestidores. No tiene ninguna sutileza; el mensaje misógino es explícito. No hay dos tipos anatómicos separados, contrarios e iguales –no es que *Los hombres son de Marte, las mujeres son de Venus*–,[148] solo hay uno. La división anatómica binaria se alza sobre unos cimientos teóricos que consideran la «masculinidad» como si fuera lo neutral, y juzgan todas las otras alternativas potenciales como si fueran divergencias patológicas.

Visto así, está claro que cada vez que un padre expresa el desconcierto que le supone el hecho de criar hijas, también está reforzando inconscientemente un discurso sexista sobre el desarrollo infantil. Simultáneamente, está redoblando el privilegio masculino. La perspectiva jungiana es incluso más clara. Recurriendo a un esencialismo de género típicamente problemático, los jungianos tienden a asociar la *vagina dentata* con la madre devoradora. Creen que esa imagen habla de la ansiedad innata que despierta la posibilidad de perder las riendas –de que un ego simbólicamente «masculino» pueda ser tragado por un inconsciente simbólicamente «femenino». Dicho de otra forma, la parte «masculina» racional y razonable de la psique siempre corre peligro de acabar siendo masticada y digerida por la parte «femenina» de la psique –oscura, incomprensible, misteriosa y caótica–. ¡Ay! Es una articulación asombrosamente sexista de la tradicional ideología masculina: la supuesta «feminidad» que amenaza la visibilidad masculina.

Cada vez que un hombre tiene miedo de la emasculación, está reforzando su falacia del ego misógina. No solo se está lamentando de la posible pérdida del privilegio inmerecido del que goza gracias a los decretos institucionalizados del heteropatriarcado, sino que también está perjudicando a la hija de alguien. Si quieres ser un padre feminista, debes rechazar los discursos habituales en torno a la emasculación y la perplejidad suscitada por la anatomía. Debes tener claro que solo sirven para normalizar fantasías sexistas, misóginas, homofóbicas y transfóbicas.

Cuarta parte
Cómo ser un padre feminista

SÁBADO, 6:43 A.M.: En el patio trasero de la nueva casa se está tranquilo, incluso con cuatro niños en el hogar. Son unos mantas. Todavía duermen. Probablemente babearán sobre sus almohadas hasta pasado el mediodía. Quizás están cansados de ver tanto YouTube y videojuegos ayer por la noche. No tengo ningún problema con eso; que descansen. Saboreo las mañanas serenas, introspectivas. Todo parece volverse más complicado cuando los chicos están despiertos.

No es su culpa. Veo el patrón claramente. Mi estado anímico afecta sus tendencias. Son un reflejo de mi afecto. Su conducta es problemática porque la mía también lo es. Mi estrés se convierte en el suyo, y no entienden el porqué. Ellos no son los que tienen fechas de entrega inminentes. No son los que están intentando comprender las complejas dinámicas interpersonales de las relaciones adultas. No son los que están en un estado constante de alarma, observando un mundo tan repentinamente plagado de incertidumbre, y preguntándose qué les quedará a las siguientes generaciones. No es justo, no tienen por qué enfrentarse a mis lastres emocionales.

Evidentemente, intento compartimentar mis sentimientos lo mejor que puedo. Sé que no debería traer trabajo a casa, debería mantener bien marcadas las viejas divisiones de la época industrial. Pero como las zanahorias cortadas, guisantes, maíz y filete ruso descongelados en una bandeja segmentada de comida, siempre hay algo que acaba derramándose por encima de las particiones. Es como si el intento de contener mis sentimientos provocara que salieran más al exterior. Los límites son porosos; siempre rezuman. Todo esto hace que me pregunte por qué existe la *persona* del padre estoico en primer lugar. ¿A quién le sirve? A mí no; y los chicos la calan rápidamente.[149] Interpretan mi moderación como agresión pasiva. Cuanto más calmado me muestro, más alejados de mí se mantienen. Entonces los veo interactuar el uno con el otro exactamente de la misma manera que yo he interactuado con ellos: mayormente disociados y fríos, con arremetidas verbales rápidas, inesperadas y focalizadas.

Imitan mi enojo y mi melancolía, y eso hace que las cosas sean más graves. Los observo y veo las peores partes de mí –mi altanería, mi falta de madurez–. Tengo 43 años y sigo sin verme como un adulto. Se suponía que la paternidad era el umbral que me llevaría a un sentido palpable de la adultez. Pero la identidad ordinaria de la figura paterna nunca acabó de cuajar. La inadecuación se convirtió en hostilidad, amplificada por el autodesprecio, y dirigida hacia el exterior. No es bueno para el bienestar psicológico de los chicos, pero

¿qué se supone que debo hacer? Soy humano, tengo sentimientos. No puedo controlarlos, por mucho que quisiera. Es imposible ser la figura perfecta para mis hijos cada vez que lo necesitan. Y lo necesitan todo el tiempo; no solo que les prepare la comida y los lleve a la escuela, sino también que sea un modelo de estabilidad y plenitud. Ser padre no es un trabajo con pausas para el café y el almuerzo. Es algo agotador.

A veces intento ser transparente. Mientras conduzco con mi hijo de quince años en el asiento de copiloto, apago la radio y lo vomito todo. «Perdona si parezco malhumorado, no es culpa tuya, simplemente estoy enfadado porque nada parece fácil, todo es tan complicado, hay las presiones de tu madre y de tu madrastra, y tengo que acabar mi libro, además escribí un muy buen ensayo y todas las secciones de opinión de la prensa me lo han rechazado, y no tengo tiempo de reescribirlo porque tengo que ocuparme de muchos estudiantes, y los estudiantes están frustrados porque, debido al COVID-19, las clases ahora serán online, así que quiero escucharlos, tener una buena conexión con ellos, darles el tipo de atención que normalmente solo requiere esbozar una sonrisa o acordarme de retomar algo personal que dijeron en clase, pero ahora son por lo menos quince minutos de horas de tutoría en Zoom por cada uno de ellos, y no tengo tiempo de hacerlo de la forma que me gustaría porque también tengo que preparar la cena y encargar los alimentos, y fregar el suelo, y ayudarte con los deberes». Me mira, sin saber qué decir. Confundido. Abrumado. Sin palabras.

Me detengo ante la luz roja del semáforo y pongo la mano en su hombro. «No tienes que decir nada. No es tu problema, pero gracias por escuchar». Parece aliviado, pero me arrepiento casi instantáneamente del numerito. No es que preferiría no haberme mostrado vulnerable; no es que tenga miedo de parecer débil, como si no llevara las riendas de todo. No; me arrepiento porque no sé hasta qué punto está capacitado para digerir todo lo que he dicho. ¿Y si lo internaliza? ¿Y si cree que él es en parte culpable? Cuando estoy en horas bajas, no dispongo de los recursos necesarios para contextualizarle mis emociones. No tengo la presencia de ánimo suficiente como para hablar deliberadamente. Además, a él no le corresponde la labor de ser mi caja de resonancia. Se supone que no es mi confidente, alguien que deba apoyarme. Es injusto que lo sitúe en esa posición.

Los expertos me recomendarían que volviera a abordar el tema en otro momento, que, cuando la tensión no esté tan disparada, nos sentemos y hablemos tranquilamente. Pero después estaré contento, le aliviará ver que estoy contento, y no querrá entablar una conversación seria. Querrá cabalgar sobre la euforia. Querrá bromear y hacer el tonto. Nos sentaremos en el sofá, asentirá, hará como que me escucha. Estará pensando en otras cosas –probablemente en algún videojuego–. Cuando le diga que puede ir a jugar, correrá escaleras arriba, la mar de alborotado. Permaneceré sentado solo unos minutos más, preguntándome si a veces preferiría otro tipo de padre. El chaval presencia ficciones del viaje del héroe en prácticamente todos los productos que pueda encontrar en Netflix y Amazon Prime. Quizás ya se cree las mentiras edípicas. Quizás piense que un chico necesita a un padre que represente la apatía e indiferencia del mundo real. Quizás no quiera un padre feminista.

A veces mi hijo pequeño me pregunta por qué yo «no puedo ser normal, como todos los otros padres». Me dice que le doy demasiadas vueltas a las cosas. Me provoca, diciendo que algún día tendrá que ir a terapia para hablar de cómo yo siempre lo presioné para que fuera divergente. Lloriqueará a su psiquiatra, lamentándose del trauma y la ansiedad que le generó que yo no le permitiera conformarse con las expectativas normales y corrientes de logros académicos o sociales. «¡Mi padre estaba loco! Le pedía que me ayudara con mis deberes de matemáticas, y empezaba a despotricar sobre el "prejuicio de género implícito" en la palabra problemas». Eso sucedió de verdad.

Mis hijos, ¿entienden lo que estoy haciendo? ¿Por qué lo estoy haciendo? ¿Comprenden que estoy intentando criarlos de una forma que tergiversa el *statu quo*? Todo el mundo prefiere lo que es identificable de manera sencilla, pero me niego a criarlos adoptando modelos que les incitarán a cosechar los dividendos habituales del individualismo indiscriminado. Ese modelo de autonomía es sexista, misógino y está desfasado. Las normas imperialistas, capitalistas, supremacistas blancas y heteropatriarcales deben ser cuestionadas. Por supuesto, eso no significa que todos los padres heterosexuales blancos estadounidenses que están intentando acumular dinero sean villanos. Puedes ser todas esas cosas. No hay ningún problema siempre y cuando no patologices a los otros ni los prives de sus derechos.

Todo se reduce a lo que consideramos *normal.* Y un padre feminista debe saber que lo *normal* no existe.

Conciencia crítica

El primer principio para convertirse en un padre feminista es cultivar una *conciencia crítica*. El término «conciencia crítica» proviene del icónico pedagogo brasileño Paulo Freire. También lo llamó «concienciación». Se refiere al conjunto de habilidades –o quizás deberíamos llamarlo mentalidad– que permite a una persona ponderar, analizar, interpretar y luego revisar su versión personal de la experiencia vivida. Quizás parezca fácil, pero no lo es.

Para entender el porqué, piensa en las innumerables estructuras sociales, culturales, económicas y políticas que constituyen el contexto en el cual vivimos nuestro día a día. Los trabajos que desempeñamos, las tecnologías que utilizamos, las comunidades en las cuales nos congregamos, los medios que consumimos; todo juega un papel relevante en la determinación de las categorías que utilizamos para evaluar nuestra experiencia de la realidad. Eso es a lo que se refiere la gente cuando dicen que el género es un constructo cultural. Estamos constantemente rodeados de narrativas e imágenes. Generan expectativas y afectan nuestras preferencias para asumir papeles concretos. También influyen en nuestras decisiones sobre qué *personas* queremos adoptar. Los discursos típicos nos empujan hacia patrones predecibles, perfilando nuestros hábitos y formulando nuestras rutinas. Las presiones externas también sientan las bases a partir de las cuales damos sentido a los fenómenos psicológicos internos, creando los prototipos absolutos –los ideales y ejemplares– a los que recurrimos para evaluarnos a nosotros mismos. Con frecuencia ni tan solo nos damos cuenta de hasta qué punto nuestras narrativas de identidad son fruto de fuerzas externas. Tenemos la impresión de que nuestros sueños y aspiraciones surgen de nuestro interior, por lo tanto, somos incapaces de reconocer que las actitudes que hemos decidido adoptar son, asimismo, convenciones a las cuales nos hemos adherido. Aceptamos la experiencia acumulada de nuestras vidas sin sopesar las fuentes de sus partes constituyentes.

Como el pez del famoso discurso de apertura impartido por David Foster Wallace en la Universidad de Kenyon en 2005, tenemos que recordarnos constantemente a nosotros mismos: esto es agua.[150] La cuestión es que nunca es fácil vislumbrar la realidad en la cual nadamos. Los sistemas, historias y costumbres cotidianas tiran y aflojan como la marea. Se pierden en una corriente que lo abarca todo, y que la mayor parte del tiempo apenas reconocemos. A veces te sorprenderás manifestando conductas –o tendencias mentales– que traicionan tus valores. Es prácticamente involuntario. Querías remar río arriba, y quizás lo intentaste; pero cuando te tomas un respiro, descubres que sigues flotando llevado por la corriente. Del mismo modo, quizás desees, más que cualquier otra cosa, convertirte en un padre feminista, pero sigues reforzando inconscientemente los mismos discursos patriarcales de antes. Te es prácticamente imposible dejar de hacerlo. ¿Por qué? Porque eres incapaz de meterte de lleno en la introspección. Reconocer los propios defectos parece un ejercicio demasiado doloroso.

No es que no puedas reconocer cuando te equivocas. En la mayoría de casos, probablemente, lo reconozcas. Quizás incluso recibas el desasosiego con los brazos abiertos, al fin y al cabo, los movimientos contemporáneos de autoayuda, espiritualidad y desarrollo personal son casi masoquistas en cómo definen lo que constituye una catarsis transformativa adecuada. Los gritos primales y las lágrimas evacuantes son de esperar. Hay cierto estatus y prestigio en el tipo de autoflagelación emocional en la que consisten los campos y retiros psico-espirituales, pero incluso a aquellos que se conforman a estos modelos terapéuticos les cuesta reconocer cuán problemática puede ser su adherencia al esencialismo de género propio de vestidores. La evasión parece ser la única apuesta segura. Es un mecanismo de defensa necesario porque, hasta cierto punto, todos sabemos que admitir nuestras falacias y fracasos implica una seria operación de derribo. Tendríamos que deconstruir toda una vida de virtudes, decisiones e ideas.

Todo se desmorona cuando la base ideológica de una persona pierde su integridad estructural, así que no te sientas culpable por rehuir a las preguntas más duras. En el monomito de Joseph Campbell esta resistencia recibe el nombre de *rechazo de la llamada*. Campbell escribió que «este rechazo es, esencialmente, una negación a despojarse de todas esas cosas que la persona considera que son para su propio beneficio».[151] Remarca que al principio todos los héroes evitan reconocer sus problemas contextuales, porque anticipar una misión nos proporciona la falsa ilusión quijotesca de que llevamos las riendas de nuestras narrativas, pero nunca acaba de funcionar del todo porque también sabemos que cualquier sensación de satisfacción que pudiéramos obtener del acto de negación egocéntrico será, en definitiva, efímera. Es por eso que los padres de hoy en día tienen dificultades. Una fastidiosa voz interior nos recuerda constantemente que nuestra posible tendencia a rechazar el feminismo está galvanizada no por la agencia o la autonomía, sino más bien por el miedo a perder las comodidades conocidas del privilegio masculino.

Y entonces, ¿cuál es la alternativa? ¿Cómo podemos tomar las riendas de nuestras acciones realmente? ¿Cómo podemos ser proactivos y cambiar nuestra percepción de la figura paterna? ¿Cómo podemos transformar nuestro modo de responder al mundo? Para lograrlo, se tiene que cultivar una conciencia crítica, y para entender lo que esto conlleva, nos será útil revisitar detenidamente la obra de Paulo Freire.

Freire es célebre por su pedagogía progresista. Quizás hayas oído a gente quejarse del «concepto bancario» de la educación, el modelo según el cual los profesores, de pie en un extremo del aula, *depositan* contenido académico en las mentes vacías de sus estudiantes. La metáfora está prestada de Paulo Freire.[152] Quizás hayas asistido a una reunión de vuelta al cole en la cual algún maestro o maestra particularmente motivado habló de reemplazar la figura del docente, alegando que debería pasar de ser el «centro de la escena» a un «guía acompañante». Te cuentan cómo este año tus hijos tomarán parte activa en su propio aprendizaje, cómo podrán perseguir sus intereses particulares, cómo se convertirán en estudiantes apasionados, y cómo desarrollarán proyectos de estudio en solitario y en grupos. Estas son posibilidades educativas que no serían ni de lejos tan comunes y ampliamente aceptadas si no fuera por la obra subversiva de Paulo Freire.

Freire creía que cuando conceptualizamos el aprendizaje como la transmisión de sabiduría y conocimientos por parte de un experto extraordinario a un grupo de estudiantes imperfectos e incompletos, estamos limitando el potencial humano y obstruyendo los resultados educativos. ¿Por qué? Porque estamos reforzando la idea de que la desigualdad sistémica forma parte del orden habitual, natural y normal de las cosas. La jerarquía vertical tradicional de las escuelas manda mensajes encubiertos y codificados sobre el poder y la voluntad. Los estudiantes aprenden a ver el mundo a través del marco que han presenciado y del cual han sido partícipes, y es así que se normaliza la relación entre la autoridad y el subyugado. Por lo tanto, en todas sus empresas futuras, los estudiantes tenderán a adoptar uno de estos dos roles comunes (líder o seguidor, opresor u oprimido, dominador o sumiso). Según Freire, todos los maestros deberían preguntarse: ¿Cómo está diseñada el aula? ¿Qué mensajes sutiles transmite ese diseño? ¿Qué presuposiciones incorporamos a nuestros procesos de aprendizaje cotidianos? ¿Cuáles de los estudiantes necesitan supuestamente una asistencia paternalista? ¿Y a cuáles se los considera autosuficientes?

Todas las figuras paternas deberían recurrir al mismo pensamiento en la cuestión de la crianza de los hijos. Deberían preguntarse: ¿Cómo está organizada nuestra familia? ¿Qué mensajes transmiten a nuestros hijos los hábitos, rutinas y relaciones cotidianas? ¿Qué es lo que están aprendiendo sobre la autoridad, la explotación, el servicio y la autocomplacencia? ¿Qué conclusiones sobre la justicia y el castigo sacan los niños de mi forma de enfocar la disciplina y las intervenciones? ¿A quién ven responsabilizarse de qué tareas domésticas? ¿Quién da consejo a quién? ¿Cómo llega la familia a las grandes decisiones vitales que nos afectan a todos? Preguntas como estas se hallan en la raíz del pensamiento crítico.

Freire se refería a los docentes como «animadores», en vez de «maestros». Su trabajo no consiste en presentar ideas, proporcionar contenido, o supervisar conductas en el aula. Consiste en despertar curiosidad, estimular la conciencia crítica y suscitar diálogo. Tu manera de formular las responsabilidades –cómo te ves a ti mismo en relación con tus deberes– cambia tu manera de abordar el trabajo. No caigas en la trampa de replicar la «conciencia opresora», que según Freire tiene una tendencia sádica a «des-animar» todas las cosas y personas que se encuentra».[153] Del mismo modo, un padre debería estar siempre sopesando cómo su contribución a las dinámicas familiares anima o des-anima al resto de integrantes del hogar. En resumen: un padre feminista no puede verse a sí mismo como un cabecilla de familia heteropatriarcal a no ser que desee aclimatar a sus hijos a ideas problemáticas en torno al género, la autoridad y el poder.

Para remachar este punto, hay otra cosa que deberías saber sobre Paulo Freire. Al principio trabajó con adultos desfavorecidos, alfabetizándolos, pero su pedagogía nunca se limitaba a meramente transmitir mecánicas y técnicas de lectura y escritura. «Aprender a escribir y leer», dijo, «no implica memorizar frases, palabras o sílabas –objetos sin vida no conectados a un universo existencial–, sino más bien una actitud de creación y recreación, una autotransformación que produce una disposición a intervenir en el propio contexto».[154] Lo que quiere decir es que el objetivo de la educación, independientemente del tema tratado, debería ser la liberación del sujeto humano autónomo: tendría que darle el visto bueno para desempeñar un rol activo en la constitución de su propia realidad. Freire veía que a menudo la gente se siente impotente; multitud de discursos pseudopropagandísticos les dan a entender que las cosas son ajenas a su voluntad, así que sienten que no tienen poder alguno. Veía que mucha gente cree, erróneamente, que no pueden intervenir en el contexto de su propia existencia y manipularlo. Pero, en realidad, simplemente no tienen el lenguaje para hacerlo. Se sienten como objetos en vez de sujetos. Se adaptan a su contexto, en vez de integrarse. Es por eso que la «conciencia crítica» es tan importante. Implica «interpretar» cómo funcionan las estructuras de poder opresivas; y consiste en proporcionar a la gente las herramientas necesarias para transformar su mundo y ser los «autores» de sus propias historias. Las psicólogas Mary Watkins y Helene Shulman lo resumen muy bien: «La conciencia crítica implica decodificar las mentiras sociales que naturalizan el *statu quo*, mientras se buscan interpretaciones alternativas de la situación de uno».[155]

¿Cómo se refleja esto en los padres? A ojos de un padre feminista, la paternidad implica adoptar rutinas y hábitos que desarrollen deliberadamente la conciencia crítica de sus hijos. Esto significa dar prioridad a su autoridad intelectual, fomentar su habilidad de llegar a sus propias conclusiones. Debes mostrar a tus hijos que admiras el hecho de que construyan ideas y opiniones únicas. Una forma de hacerlo es plantearles preguntas difíciles a las cuales no tienes ya respuestas correctas en tu mente. Eso es lo importante: no te molestes en preguntar si ya sabes cuál es la respuesta que te gustaría escuchar. Lo que no quieres es estar juzgando si sus pensamientos se adecúan a los tuyos. En vez de ello, quieres involucrarte en sus perspectivas alternativas, mostrarles que valoras sus voces y procesos.

Muchos padres intentan demostrar este tipo de respeto hacia sus hijos con halagos excesivos. «¡Qué gran idea! Qué listo eres. Me encanta lo que dijiste». Los adultos caen en el error de creer que la veneración constante ayuda a cimentar la seguridad del crío en sí mismo, pero desde la perspectiva de un padre feminista, esta estrategia es solo ligeramente mejor que el «amor duro» tóxico. Desde luego, un lenguaje positivo es mejor que uno negativo, y los cumplidos son mejores que los reproches, pero la adulación superficial no deja de consolidar una jerarquía transaccional de recompensas: transmite a los jóvenes la idea equívoca de que el visto bueno de las figuras de autoridad es lo que debería alimentar la autoestima. Así que acaban acostumbrándose a buscar la aprobación de aquellos que tienen un estatus social superior. Por lo tanto, la admiración fingida de poco sirve para fomentar una conciencia crítica. En vez de ello, debes mostrar respeto a través de tus acciones. Demuestra tu voluntad de interactuar con ellos como sujetos intelectuales. Mantén discusiones de verdad con tus hijos, anímalos a defender sus argumentos, pon a prueba sus opiniones de la misma forma que lo harías con las de un colega. Muestra que te los tomas en serio tratándolos con dignidad, en vez de paternalismo.

A mi hijo le encanta mantener «debates inteligentes» a la hora de cenar. Le gustaría que nunca terminaran. Debatimos cosas totalmente insustanciales –la ética de Elon Musk, qué puede ser considerado un juego de defensa de torres, ¿los fenómenos naturales los *causa* la «ciencia», o es la ciencia solo un lenguaje descriptivo? A veces es todo semántica y se hace cansino. Acaba degenerando en una absurdidad retórica, pero ya que mi meta general es entrenarlo para que pueda defender sus opiniones y sentirse con el poder de formular su propia realidad, no quiero poner fin al debate. Hago todo lo posible para evitar desempeñar el papel de la autoridad intelectual. No quiero ser una figura paterna que decreta la verdad definitiva. A menudo me es difícil conjurar la humildad necesaria para detener el debate de manera constructiva. Fracaso con frecuencia. Caigo en el error de decirle, «me aburro», o, «ya basta con esta conversación». Eso es pésimo puesto que le transmite la idea de que los antojos de papá deberían determinar cómo concluyen las cosas. Alternativamente, en mis mejores días digo, «creo que hemos llegado a un punto muerto, así que investiguemos ambos un poco más este tema, y retomemos esta discusión otro día». Nunca lo hacemos, porque a ninguno de los dos nos interesaba realmente el contenido. Lo importante era el proceso.

Cultivar la conciencia crítica de tus hijos es algo crucial, pero los padres feministas no deberían contentarse con eso. Tenemos el deber incluso más significativo de cultivar nuestra propia conciencia crítica –y esto debería levantar algunas cejas–. ¿Por qué? Porque Freire trabajó con poblaciones despojadas, enseñándole a la gente oprimida que tienen más voluntad y autonomía de la que se creían. Pero, claramente, bajo el patriarcado, los padres no están privados de nada. Si acaso, somos los opresores, no los oprimidos. Los privilegios de la autoridad patriarcal narcisista están ahí para que nos sirvamos de ellos, así que ¿de verdad tiene sentido aplicar el modelo de Freire precisamente a la gente más propensa a beneficiarse de un heteropatriarcado imperialista, supremacista blanco y capitalista? Creo que sí, porque a pesar de su estatus social elevado, los padres no son realmente libres. Como el resto de personas, también estamos circunscritos por ideologías sexistas. Nos vemos obligados a cumplir con expectativas que definen qué significa sentirse como un padre y actuar como un hombre. Nos dicen que el mundo lo dirigen los hombres, pero las opciones de las que disponemos para vivir en él están drásticamente limitadas.

Ruego que no se me malinterprete. No saques la conclusión de que estoy recurriendo a las típicas lamentaciones de la masculinidad tóxica. No es el caso. La verdad es que considero excesivamente simplificada gran parte de la retórica contemporánea que defiende que los hombres cisgénero necesitan más oportunidades para expresar sus emociones vulnerables. Si se me permite un lenguaje un tanto burdo, a menudo todo eso me suena a un puñado de chavales que se lamentan diciendo «¡que alguien me agarre los huevos mientras lloro!». Seamos honestos: si ya cuentas con un acceso injustificado a todo lo que necesitas –incluyendo la autoridad para formular tu propia narrativa–, ¿realmente necesitas un permiso explícito para ir a terapia? ¿Acaso no es eso reclamar otro privilegio? ¿De hecho, no es eso la definición misma del privilegio? Sí y no.

La idea de que a los hombres les hacen falta más oportunidades para abrazar esas experiencias afectivas tradicionalmente asociadas a la feminidad es reduccionista y problemática. Presume que el bienestar holístico se consigue mediante la unión de los rasgos supuestamente femeninos con los rasgos supuestamente masculinos. Por lo tanto, es una idea que recapitula el viejo esencialismo de género que sirve, principalmente, para preservar el *statu quo* patriarcal. La conciencia crítica permite una forma más refinada de comprender las presiones constrictivas de la masculinidad, así como también las presiones constrictivas de la paternidad. Como explica bell hooks, «el patriarcado como sistema ha negado a los hombres el acceso al bienestar emocional pleno, lo que no es lo mismo que sentirse recompensado, triunfante y poderoso debido a la propia capacidad de ejercer control sobre los otros».[156] Lo que está señalando aquí es que los hombres no experimentan el poder patriarcal de la forma que el feminismo *mainstream* suele imaginarse que lo hacen. No consiste en la simple inversión de la supresión y falta de respeto que sufren las mujeres como consecuencia de la misoginia institucionalizada. Los hombres no tienen la impresión de estar cosechando las recompensas de su poderío. No están celebrando, en sus cabezas, su victoria. En vez de ello, la mayoría de hombres se sienten humillados y frustrados porque no logran acceder al poder que supuestamente les otorga el patriarcado.

Por supuesto, es un proceso inconsciente. Los hombres no pueden admitirlo abiertamente, porque se les ha enseñado a no reconocer nunca sentimientos de pequeñez o degradación. Estas emociones no se consideran «varoniles». El discurso sobre la masculinidad tóxica aquí da en el clavo, todo sea dicho. El problema es que, en la mayoría de casos, la presión social para reprimir la vulnerabilidad se plantea como una afrenta a la autonomía individual liberada de los hombres. Lo que es visto como «injusto» es la falta de acceso de los hombres a una verdadera autoridad patriarcal narcisista sin trabas. «¿Por qué no puede mi historia incluir decepción, melancolía o impotencia? No es justo que no puedan reconocerse y expresarse todos mis sentimientos». Si así es como ves el problema, entonces la solución obvia –hallar más oportunidades para una liberación catártica– es ineficaz. No hacer nada para identificar o tergiversar el *statu quo* sexista, misógino, homofóbico y transfóbico que originó el problema en primera instancia. Por lo tanto, a la larga, está destinado a seguir reproduciendo más experiencias tóxicas para todo el mundo.

Si quieres ser un padre feminista, intenta observar la misma situación con la vista de pájaro que habilita la conciencia crítica. Sopesa cómo puedes asumir responsabilidades y reconocer culpabilidades. Acepta que ya tienes la voluntad propia necesaria para transformar tu realidad. Solo te hace falta el vocabulario necesario para abordar el verdadero problema. Sabes que es indiscutible que los hombres, como grupo, están situados en una posición elevada de dominación social, pero como individuos estamos perdiendo la batalla homosocial para conseguir el estatus del llamado macho alfa más a menudo que la estamos ganando. Según el sociólogo Michael Kimmel, «hemos formulado las reglas de la virilidad de forma que solo la fracción más insignificante de los hombres acaban creyendo que son las ruedas más grandes, los robles más macizos, los negacionistas más virulentos de la feminidad, los más agresivos y osados».[157] Por lo tanto, aprovechamos para hacer *mansplaining* cuando podemos, porque tenemos la sensación de que la mayor parte del tiempo, no podemos. De ahí que a los hombres cisgénero no nos hacen falta necesariamente más oportunidades para hablar de nuestros sentimientos, para sentirnos redimidos, para validar nuestros propios delirios quijotescos. Pero necesitamos ayuda para aprender a resolver la tensión entre la exultación prometida de la identidad de la figura paterna y los sentimientos inevitables de inadecuación que conlleva la competición patriarcal del tipo «el-ganador-se-lo-lleva-todo» para dominar a los otros. Tenemos que distanciarnos de nuestras emociones a flor de piel, de manera que podamos imaginarnos formas nuevas, más equitativas y más gratificantes de abrirnos camino a través de nuestras relaciones.

Si quieres ser un padre feminista, contempla los procesos de aculturación y socialización desde la meta-perspectiva que habilita la conciencia crítica. Observa cómo los privilegios del patriarcado perjudican a los hombres tanto como al resto de la gente. Reconoce que todos los significantes implícitos a la virilidad están diseñados para despistarnos y fortificar el *statu quo*. Por lo tanto, en vez de analizar nuestras propias conductas, y aceptar nuestra contribución a la continuidad de patrones problemáticos, a menudo queremos que el chivo expiatorio sean todas las otras personas o cosas que nos incitan a examinar la tiranía ideológica del ni-que-decir-tiene.[158] Culpamos a todos los que son feministas, activistas LGBTIQ+, profesores de universidades liberales de élite, tuiteros de la cultura de la cancelación, y la supuesta devaluación del ideal masculino.[159] Rechazamos la llamada.

Si quieres ser un padre feminista, debes responder a esa llamada. Por esa razón, gran parte de este libro ha consistido en destapar rutinas y presuposiciones cotidianas que refuerzan las estructuras del patriarcado. El proceso reflexivo del análisis social y cultural es, en sí mismo, una acción feminista. Es urgente que los padres se responsabilicen de identificar los elementos ordinarios de la paternidad que reproducen el sexismo, la explotación y la opresión. También es hora de que estemos al loro del simbolismo misógino, homofóbico y transfóbico del patriarcado. Deja de mascullar cuando la gente lo denuncia; empieza a denunciarlo tú. Ya llevamos demasiado tiempo contentados con nuestro analfabetismo cultural egoísta.

Crianza responsiva

El segundo principio para convertirte en un padre feminista es practicar una *crianza responsiva.* A primera vista, el concepto parece tan simple y obvio que apenas requeriría una explicación. Simplemente, escucha y responde más a tus hijos, parejas y cónyuges. No dictes y mandes tanto. Parece bastante fácil, pero ponerlo en práctica es más complicado de lo que parece.

Muchos padres piensan que están siendo receptivos y susceptibles, pero, sin embargo, el egoísmo y el interés propio todavía guían sus conductas e inclinaciones. Eso sucede de formas subrepticias, porque por mucho que los padres intenten anteponer a otra gente, no pueden despojarse de la presunción cultural de que la figura paterna es la progenitora soberana, la persona más sabia, lista y creativa, que lidera toda conversación. Es por eso que, a lo largo de este libro, he conceptualizado la crianza responsiva como lo opuesto a la *autoridad patriarcal narcisista*. Mi objetivo era cuestionar cómo a los padres se les enseña a imaginarse sus propias voces –más fuertes y significativas que las del resto de la familia. Quería mostrar de qué formas los padres reproducen inconscientemente la expectativa de que lideran el resto de la humanidad apoyándose en un discurso inherentemente patriarcal.

Hoy en día se habla mucho de *mansplaining* e interrumpir. Aunque tiene sentido presentar la tendencia al entrometimiento como una ofensa, el reproche por sí solo no ayuda a los hombres a reconocer cómo sus conductas defectuosas consolidan un panorama general de desigualdad sistémica. Sacudir la cabeza y desmentirlas no es una estrategia muy efectiva a la larga. O bien provoca que los hombres se sientan como niños regañados –y se pongan obstinadamente a la defensiva– o convierte el comportamiento problemático en un blanco fácil para un cambio superficial de conducta. Lo último es mejor que lo primero, desde luego, pero en ninguno de los dos casos los hombres reciben las herramientas adecuadas para considerar cómo el *mansplaining* y el acto de interrumpir forman parte del discurso más general y problemático de la virilidad patriarcal. Es un ejemplo perfecto de «tratar el síntoma en vez de la causa».

Lo que realmente necesitan los hombres es ayuda para entender qué cabida tiene la tendencia autoritativa a dominar la narrativa en el contexto más amplio de la identidad de la figura paterna. Es por eso que abordé mitos, cuentos de hadas, *Star Trek* y Steve Jobs en la segunda parte. Quería demostrar que la autoridad patriarcal narcisista está arraigada en nuestra percepción colectiva de lo que significa ser una persona exitosa y autónoma. El luz de gas y los delirios quijotescos se amalgaman en nuestras creencias sobre la realización personal, el individualismo y la satisfacción. Nuestra noción teorética de la madurez psicológica está intricadamente mezclada con las falacias de la paternidad.

En lo referente al *mansplaining* y el luz de gas, sabemos que la autoridad narcisista patriarcal es problemática, pero tengamos en cuenta que hay muchas instancias en las que admiramos la habilidad del padre de hacer «que así sea». Los estudiantes universitarios de mi clase escriben con regularidad trabajos donde hablan de las lecciones importantes que aprendieron de sus padres, y siempre son como respuesta a temas filosóficos que no tienen nada que ver con la familia. Piensa en cuántas veces escuchas perogrulladas que empiezan con la frase «como suele decir mi padre...». El cliché sirve para rememorar con cariño esa época pretérita cuando Papá nos enseñó a arreglar un neumático pinchado, a chutar la pelota, a montar en bicicleta, o a reparar un grifo con goteras... A continuación traza una analogía y conviértela en una inspiradora lección de vida. Esta es la dimensión aparentemente halagüeña de la autoridad patriarcal narcisista: consejos paternales bienintencionados. *¡Papá es quien mejor conoce la situación!* Por supuesto, a veces es genial poder aprender cosas de alguien mayor y sabio que cuenta con mucha más experiencia práctica, pero esta imagen de la figura paterna es peliaguda porque la línea de separación entre un patriarca en lo alto de su trono, autorizando la verdad, y un guía sherpa más democrático, que simplemente ayuda a despejar un camino espinoso, es borrosa y ambigua. Las buenas intenciones pueden convertirse muy rápidamente en «papá siempre tiene la última palabra».

Es en este punto que la conciencia crítica se encuentra con la crianza responsiva. Un padre feminista debe adoptar una vista de pájaro y ser consciente de la diferencia que hay entre dominar una narrativa y escuchar lo que se materializa a partir de la cacofonía de mitos que chocan. Debe plantear preguntas difíciles como: ¿Cómo puedo participar en las vidas de mis seres queridos sin ser una presencia dominante? ¿Cómo puedo formar parte de un proceso emergente de maduración y desarrollo sin pretender sentarme en la cumbre? ¿Cómo sería un padre que comparte lo que sabe sin por ello ser el más sabihondo? La respuesta a todas estas preguntas es la crianza responsiva. Obviamente, consiste en escuchar más y evitar que los otros te escuchen tanto; pero el acto de escuchar no es tan simple como parece.

El filósofo francés contemporáneo Jean-Luc Nancy traza una diferencia entre «la escucha» (*l'écoute*) y «el entendimiento» (*l'entente*). En francés, ambos términos tienen que ver con la acción de oír, y Nancy está planteando un poético juego lingüístico para hacer una observación filosófica sobre lo que implica el acto de escuchar. Dice que «ser todo oídos» implica una «tensión y un equilibrio», una negociación «entre un sentido (que alguien escucha) y una verdad (que uno entiende)».[160] Su argumento es notablemente complejo, y la mayoría de los detalles no tienen demasiada relevancia en lo referente a la crianza responsiva, pero merece la pena tomar prestada esa distinción básica. Es una conceptualización que los padres feministas pueden utilizar para poder evaluar si están criando a sus hijos recurriendo a una autoridad paternalista o una responsabilidad humanística. A grandes trazos, escuchar tiene que ver con oír, con recibir una sensación, es decir, con una recepción. En cambio, entender es un proceso de pensamiento, exige una intención. Implica una interpretación y un análisis. Un padre feminista debe decantarse principalmente por escuchar; y, sin embargo, todas las inclinaciones típicas de la figura paterna nos incitan a entender.

Fíjate en cómo, en muchas de nuestras interacciones diarias con los miembros de nuestra familia, adoptamos el rol del solucionador de problemas. Nos convertimos en manitas, en reparadores, siempre dispuestos a colocarnos nuestro cinturón de herramientas y arreglar lo que sea que esté roto, tanto literal como metafóricamente. Hay un canal de YouTube muy popular que ofrece «consejos prácticos para padres» en la realización de tareas cotidianas. Su creador, Rob Kenney, se refiere a sus seguidores –casi 3 millones cuando escribo estas líneas –como «mis chicos». Les enseña cómo cocinar a la parrilla, cómo cambiar el aceite del coche, cómo encender una hoguera, y mucho más. En uno de sus vídeos más vistos, le dice al público, «os quiero, estoy orgulloso de vosotros, que Dios os bendiga». Pero incluso eso fue presentado como la resolución de un problema. Como declaró a

NPR, «mucha gente no ha escuchado nunca esas palabras de la boca de sus padres».[161] Es un hombre que siempre lo está arreglando todo.

Podríamos llamar esta versión de la figura paterna «Papá *Bricoleur*».[162] La palabra *bricoleur* describe un factótum; alguien que es capaz de arreglar cualquier cosa. En francés, la palabra se asocia con el acto de remendar. En las escuelas primarias canadienses de educación en francés, «faire du bricolage» significa hacer artes y oficios. El verbo del francés antiguo *bricole* significa «ir y venir». Entendamos la etimología de dos formas distintas. En primer lugar, tiene que ver con moverse de aquí para allá, llevando a cabo muchas micro-tareas. En segundo lugar, tiene que ver con recurrir a una variedad de fuentes misceláneas y combinarlas para hacer algo nuevo y útil. Es similar a lo que quiere decir la gente cuando dicen que alguien es un *MacGyver*, evocando una serie televisiva popular de los años ochenta y noventa, y refiriéndose a alguien capaz de improvisar soluciones con bien poco. Nos convertimos en Papá Bricoleur no solo cuando reunimos un puñado de materiales azarosos del garaje y conseguimos, de alguna forma, que el triturador de residuos vuelva a funcionar, sino también cuando entretejemos bromas de padre y relatos vitales aleatorios para manufacturar consejos paternalistas. Papá Bricoleur cree que se está adaptando a lo que hay e improvisando, pero en realidad lo que está haciendo es manipular la situación para que concuerde con su set de herramientas. Cree que está escuchando, pero en realidad lo que hace es entender. No es más que otra tentativa de clasificar las experiencias de los demás en categorías que encajen con la realidad narrativa de Papá.

Cuando era pequeño, mi padre tenía centenares de jarritas en una estantería del sótano. Todas estaban llenas de tornillos, tuercas, pernos, clavos y tachuelas sueltas, repartidas según forma y tamaño. Mi padre siempre era capaz de encontrar exactamente lo que necesitaba en el momento preciso en que lo necesitaba. Dudo que yo pudiera ser tan organizado; mi mesa de trabajo siempre es un batiburrillo de libros a medio leer, notas garabateadas a mano, y muchos más cables USB de los humanamente necesarios. Ni siquiera puedo imaginarme cómo mi padre encontró el tiempo para ordenar toda esa ferretería. En mi caja de herramientas, que utilizo en contadísimas ocasiones, todos los chismes quedan entremezclados en el fondo. Hurgo en el interior con mis manos desnudas, y cuando he hallado lo que buscaba, las puntas de los dedos se me han quedado raspadas y rasgadas. Mi orgullo queda más herido que incluso mis manos. Siento que soy un fracaso, como si todavía no hubiera llegado a la adultez. No hay pomada que pueda remediar esta sensación.

Simplemente no puedo evitar asociar el orden metódico de mi padre con la madurez. Eso no solo se debe a que él sea mi modelo personal. Organizar y clasificar son acciones que históricamente se han asociado a la paternidad. Concuerdan con el ritual de cortar el cordón umbilical en el hospital y la disrupción edípica del lazo madre-niño. La figura paterna a menudo es presentada como un separador simbólico, dividiendo el mundo en compartimentos. De hecho, antes de que se convirtiera en el arrojador de relámpagos, Zeus destronó a su padre, Cronos, rey de los Titanes, cuyo nombre significa literalmente «cortar». Así que no sorprende que los padres compartimenten cosas, incluso cuando es innecesario. Es algo útil cuando se trata de poner orden en un revoltijo de tornillos, tuercas, pernos, clavos y tachuelas sueltas, pero esa tendencia también puede tener su lado oscuro. Piensa en separaciones binarias de género, categorías nacionalistas y políticas explícitamente partidistas.

Cuando la inclinación patriarcal a ordenar es notable, se convierte en una falacia del ego. Es decir, si la consideramos una característica innata de la masculinidad o la paternidad, puede convertirse rápidamente en el tipo de separación partisana o sectaria que desemboca en sexismo, homofobia, transfobia y otros prejuicios. «El sectarismo es mayormente emocional y falto de sentido crítico. Es arrogante, antidialógico y por lo tanto anti-comunicativo. Es una postura reaccionaria», escribe Paulo Freire. «El sectario no crea nada porque no puede amar. No muestra respeto alguno a las elecciones de los otros, e intenta imponer su propia decisión en el resto de la gente».[163] Es casi como si Freire hubiera escrito estas palabras para ayudarnos a ver cómo el bienintencionado Papá Bricoleur es incapaz de ser responsivo.

Cuando lo abordas todo desde la perspectiva de un manitas, de un reparador que soluciona problemas, acabarás siendo propenso a negarles a los otros la oportunidad de ser percibidos a su propia manera. Estarás demasiado ocupado intentando clasificarlos según tus propias categorías, desanimándolos a todos porque les exigirás que se adecúen a la conceptualización que mejor le va al padre. La alternativa es la crianza responsiva. Me encanta la palabra *responsiva* porque me recuerda a un viejo término tecnológico. Los desarrolladores web a veces hablan de un «diseño web responsivo». A grandes trazos, significa diseñar una página de forma que se adapte a la pantalla del usuario. Quizás te parece obvio, pero cuando los *smartphones* eran algo nuevo, la mayoría de páginas web no tenían en cuenta la plataforma, orientación y tamaño de pantalla del visitante. El diseño responsivo consistía en elaborar páginas web que se adaptaran a las limitaciones específicas del dispositivo que fuera. Es la razón por la que, si entras a mi página web desde tu teléfono, verás una página distinta de la que te encontrarías si entraras desde el navegador de tu ordenador de sobremesa o portátil. La página responde al contexto en el cual será vista.

La crianza responsiva funciona de la misma manera. Reconoces que cada interacción con un hijo (o con una pareja o cónyuge) implica procesos únicos e individuales de contextualización. Como una página web en dispositivos diversos, la realidad se presenta de forma distinta a gente distinta. Eso podría parecer una obviedad. Sabemos que todas las personas tienen su propia perspectiva, su propia forma de clasificar y categorizar las cosas; pero no olvides que la autoridad patriarcal narcisista pretende que los otros reajusten su visión para que se corresponda al marco que establece Papá.

Para llevar a cabo una crianza responsiva, deberás configurar tu propia narrativa de forma que se adecúe al marco de los miembros de tu familia. Debes recibir a los otros sin intentar entender cómo se distribuyen por tus jarritas.

Esencialismo anti-género

El tercer principio para convertirse en un padre feminista es comprometerte a criar a tus hijos en un entorno exento de ese *esencialismo de género propio de vestidores*. Me acuerdo de una única vez que utilicé la frase «eso es lo que significa ser un hombre» hablando con mis chicos. Fue después de cenar. Me había molestado que corrieran a jugar a sus videoconsolas antes de que la cocina estuviera limpia, así que hice que ambos se sentaran y les dije, «de ahora en adelante, espero que siempre que alguien os haga la cena –ya sea yo, vuestra madre, los abuelos, o los padres de un amigo–, antes de marcharos de la cocina, preguntéis si podéis ayudar a recoger la mesa. Ya sé que no queréis hacerlo, pero es cuestión de educación. Y eso es lo que significa ser un hombre». Realmente no quería que sonara en términos de género, sino en términos de madurez. Sin embargo, me expresé mal. Debería haber dicho, «eso es lo que significa ser una persona adulta».

En nuestro hogar, yo suelo ocuparme de cocinar. Me gusta hacerlo. También me gusta que los chavales presencien una división del trabajo doméstico distinta, en cuestión de género, a lo que suelen ver en la televisión y las películas. Pero la verdadera razón por lo que lo hago no tiene nada que ver con eso. Más bien es porque soy mejor cocinero que

Amanda. Además, después de años de ser dueño de restaurantes profesionales y gestionarlos, tengo terribles expectativas y costumbres dictatoriales en lo referente a la preparación de la comida. No me gusta que la gente ronde por mi espacio de trabajo. Odio que metan las cosas en el armario equivocado. Me exaspera que los ingredientes de la nevera no estén etiquetados y colocados según mi orden. Me saca de mis casillas que las encimeras y los utensilios no hayan sido limpiados y saneados según el código de salud. Es por eso que hay una silla en *mi* cocina –justo delante de la mesa de trabajo de acero inoxidable– donde suele sentarse Amanda para hacerme compañía mientras preparo la cena. No quiero su ayuda. Me es mucho más fácil producir por mi cuenta grandes cantidades de comida para un puñado de púberes y preadolescentes hambrientos.

En este caso, nuestra crítica al esencialismo de género no tiene que ver con presuposiciones culturales sobre quién debería ocupar la cocina. No estamos siendo inconformistas a posta. No estamos intentando hacer lo contrario que la mayoría de gente daría por sentado. Hay en juego un planteamiento mucho más matizado de la igualdad de género. Intentamos dividir las tareas domésticas y los deberes de crianza respondiendo únicamente a lo que cuadra en nuestras dinámicas familiares concretas. Repartimos las responsabilidades según las preferencias y habilidades de cada uno. Antes de que nos fuéramos a vivir juntos, nos sentamos ante una gran pizarra blanca y trazamos un plan. Nos preocupaba que, si permitíamos que nuestros roles aparecieran extemporáneamente, sin establecer primero intenciones claras, las viejas convenciones de género irrumpirían a hurtadillas y nos influirían clandestinamente. No queríamos llegar a la conclusión inconsciente de que la otra persona se ocuparía de ciertas tareas sin primero ponderar de dónde venían esas expectativas.

Para ser honestos, descartamos el plan original poco después de mudarnos. Ninguno de los dos es lo suficientemente organizado como para mantener una organización regular de la limpieza o los quehaceres domésticos. Sin embargo, esa conversación inicial marcó una gran diferencia ya que reveló muchas presuposiciones, y sospecho que también nos ahorró muchas broncas. Ahora que estamos improvisando, utilizamos la pizarra blanca para llevar un marcador; este seguimiento impide que reproduzcamos inadvertidamente nociones de lo *neutral* sin comillas que son inherentemente sexistas. Esta forma de abordar las tareas tiene que ver, en parte, con un deseo de preservar la buena voluntad, la igualdad y el respeto –y, por lo tanto, también la pasión– en nuestra relación. Y lo más importante: nos preocupa que, si en algún momento regresamos a las rutinas de toda la vida, nuestros hijos acabarán creyendo que lo que han presenciado en nuestra casa debería reproducirse en sus relaciones futuras.

Recientemente, hemos descubierto que los chicos creen que yo soy el jefe, que quien impone las reglas de la casa soy yo, y Amanda me sigue la cuerda obedientemente. Está claro que esto no concuerda con mis intenciones de ser un padre feminista; los chicos están percibiendo exactamente el tipo de dinámica de poder estereotipada que tanto nos esforzamos en derribar, así que los sentamos y mantuvimos una larga conversación al respecto. ¿Están llegando a presuposiciones vinculadas al género? ¿Es debido a las dinámicas de poder que han observado en casas de otros? ¿Es que mi estilo más tajante y testarudo les parece autoritativo? ¿Han presenciado patrones entre nosotros que decidimos por conveniencia, y han llegado a la conclusión de que no son consensuados? Es cierto que a veces yo hago de poli malo cuando es necesario, pero eso casi siempre se deriva de una conversación que hemos mantenido al respecto de la crianza deliberada de nuestros hijos.

Todos los chicos se sentaron en un sofá y nos fuimos pasando un «palo para hablar» micntras planteábamos preguntas y compartíamos observaciones. En realidad, nuestro objetivo no era descubrir por qué los chicos creían que era yo quien manejaba el cotarro, en cualquier caso, nunca lo sabríamos de cierto; los niños de estas edades no son capaces, en su momento de desarrollo, de articular interpretaciones sofisticadas de sus propios prejuicios. Lo que realmente nos importaba era mantener un debate. Por supuesto, los chicos detestan las reuniones familiares, pero queríamos formular un proceso de cuestionamiento consistente de los roles en el hogar. Es importante que los niños vean que nada sobre las labores que realizan sus padres debería darse por sentado. Nuestros patrones y decisiones no están prefijados ni son inmutables. Son dinámicos y fluidos. Un padre feminista recurre a conversaciones como estas no solo para reforzar su compromiso a combatir el esencialismo de género, sino también para cultivar la conciencia crítica de sus hijos.

Por supuesto, el esencialismo de género se genera en la mente de los niños a través de muchas otras cosas, aparte de tediosas reuniones familiares y el reparto de las tareas domésticas. Hay muchísimas interacciones menores, aparentemente superficiales, entre padres, hijos y hermanos que pueden reproducir ideas problemáticas. Una que me molesta especialmente es el «*broismo*» (o «colegueo») entre padre e hijo. *Broismo* es un término que utilizo para referirme a cómo los hombres y los chicos a menudo hablan entre ellos en un lenguaje en clave y en el que emplean manierismos gestuales y conductuales.[164] Se hace pasar como el protocolo social aceptable y preferible para perpetuar la continuidad de la comunidad masculina. Suele ser jactancioso y soez, implícitamente degradante hacia las mujeres, y descaradamente homofóbico y transfóbico. Solo tienes que recordar los vestidores de tu escuela y te acordarás de centenares de ejemplos. «¡Eres gay! ¡Chutas como una tía! ¡No seas calzonazos! ¡Nenaza!» Los mensajes del *broismo* se transmiten como si fueran juguetones e inofensivos. A mucha gente una versión atenuada del *broismo* le parece una forma razonable de incentivar la vinculación afectiva entre padre e hijo. «Esa camarera sería guapa si sonriera más. Te vi hablando con unas chicas muy monas al salir del cole; ¡choca esos cinco, chaval!» Es una pena que tantas figuras paternas refuercen inconscientemente el *broismo* en el hogar (haciendo comentarios sobre presentadoras que «están buenas» y guiñando el ojo mientras bromean sobre la inestabilidad emocional o inferioridad intelectual de las mujeres). Y lo que es peor, algunas de las metáforas combativas y sexualmente violentas que utilizan los hombres mientras hablan con sus hijos sobre deportes, a menudo sin un ápice de remordimiento, son tan desconsideradas y repugnantes que no quiero ni repetirlas aquí. Si quieres ser un padre feminista, debes reconocer que ese es un canal a través del cual los jóvenes se introducen en la «hermandad» del privilegio masculino. Tienes que ser consciente de que el *broismo* no es más que una expresión de autoridad patriarcal narcisista que ha sido codificada para parecer innocua.

Cuando era pequeño el *broismo* me daba mucha rabia. Por entonces no podía explicarlo, pero siempre supe que algo chirriaba en estos protocolos típicos de la camaradería masculina. Aprendí a subirme al carro, porque mi estatus social en el vestuario de la escuela dependía de ello, pero siempre me dejó perplejo, especialmente cuando provenía de los adultos. Todos los mensajes positivos que había recibido sobre la ética de la virilidad madura quedaban contradichos cuando asistía a la conducta cotidiana negativa del *broismo*. Se me animaba a admirar a hombres amables y compasivos que, sin embargo, también perpetraban violencia retórica. Las palabras y frases que utilizaban a veces traicionaban sus tendencias más benévolas. Me desorientaba, intentaba entender con desesperación cómo los mensajes afirmativos que recibía sobre igualdad y dignidad podían desenmarañarse de los mensajes misóginos que recibía simultáneamente sobre la pertenencia y el estatus.

Los niños no tendrían que asumir la labor de reconciliar las tensiones entre ideologías a las que aspirar toscamente contradictorias. Son los padres quienes deberían hacerlo. Es por eso que los padres feministas tienen que comprometerse a poner fin al *broismo*. No tiene nada de bueno; nunca es «solo una broma». El «lenguaje de los hombres», por llamarlo de algún modo, transmite mensajes a los jóvenes que establecen condiciones bajo las cuales discursos misóginos, homofóbicos y transfóbicos se vuelven aceptables (evidentemente, no deberían existir condiciones así). Peor aún, cuando los padres reproducen el *broismo* con sus hijos, consolidan la validez del esencialismo de género propio de vestidores. Si quieres ser un padre feminista, tienes que denunciar el *broismo* cuando lo veas o escuches, ya sea de la boca de niños o adultos. No tengas miedo de corregirte –delante de tus hijos– cuando caigas en patrones anteriores porque lo harás inevitablemente. La mayoría de nosotros hemos estado condicionados socialmente para reproducir el *broismo*, por lo que no es un vicio fácil de dejar. Sigue intentándolo y no te desanimes.

Nótese que no estoy sosteniendo que el *broismo* sea simplemente masculinidad tóxica. Ni tampoco estoy defendiendo formas de ser más suaves, menos competitivas o agresivas, o supuestamente femeninas. Es muy importante que los padres feministas recuerden que combatir el esencialismo de género no equivale a un travestismo psicológico. No se trata de actuar de forma «más femenina» o «menos masculina».

Cualquier planteamiento que consista en atribuir características afectivas o cognitivas según la vieja y desmentida separación binaria sigue reforzando la base del esencialismo de género que acompaña a la misoginia patriarcal, así como también la homofobia y la transfobia. A grandes trazos, es otra muestra más de esa forma de clasificar en jarritas. La tendencia a fundamentar nuestra forma de ver las características humanas según la lógica binaria de tipos «masculinos» y «femeninos» es sectaria, narcisista y autoritaria. No estás intentando dar sentido a la gente de tu alrededor responsivamente; esperas que la gente de tu alrededor se conforme según una organización y categorización que impone nociones de lo «normal» que privan de derechos.

Un padre feminista sabe que todas las formas de organizar individuos vienen con una lógica incorporada, una configuración que impide a cierta gente ser libres. Cuando pensamos que la ambigüedad de género puede ser una solución al *broismo*, estamos basándonos en un discurso ingenuo de pseudoigualdad. Según esta perspectiva, las cosas son diferentes pero iguales, no obstante, lo cierto es que las cosas que no tienen cabida en tus jarritas no son iguales, en tu mente, a aquellas que sí lo tienen. Quedan marginalizadas y excluidas. Son foráneas. Por lo tanto, todas las modalidades de esencialismo de género propio de vestidores son inherentemente coercitivas y constrictivas. Limitan nuestras percepciones sobre lo que es o no posible, y patologizan todo lo que el patriarcado heteronormativo, supremacista blanco y capitalista ha expoliado.

Debes comprometerte a criar a tus hijos en un entorno exento de esencialismo de género propio de vestuarios. Establece roles familiares según las habilidades y las preferencias de cada persona, y olvídate de las directrices culturales. Muestra a tus hijos que te comprometes a cuestionar constantemente las conjeturas normalizadas sobre quién debería desempeñar ciertos trabajos y realizar tareas concretas. Evita establecer vínculos con los niños a través del «lenguaje de hombres» o «noches de chicas» porque la mayoría de nociones convencionales de camaradería radicada en el género refuerzan expectativas sexistas, ocultan las mecánicas de la misoginia sistémica y preservan los patrones exclusivistas de la dominación patriarcal.

Inclusividad rigurosa

El cuarto principio para convertirte en un padre feminista es ser *rigurosamente inclusivo*. Eso exige ampliar tu compromiso con la dignidad, el respeto y la igualdad para abarcar también cuestiones que van más allá del género. Implica recurrir a la conciencia crítica de forma indiscriminada: cuestionar todas las instancias de opresión sistematizada y reconocer los casos en los que señales, símbolos, patrones y discursos normalizan convenciones sociales injustas. Te exige estar al tanto de las propensiones autoritarias inherentes a la jerarquía vertical; de este modo, evitarás ejercer el poder de maneras dominantes o expoliadoras.

Ahí donde sea necesario asumir roles de liderazgo –porque con frecuencia los relámpagos son la opción sabia, no solo para los padres, sino también para el resto de personas– deberás recurrir a tu poder de forma responsable. Prioriza escuchar por encima de entender, de esta forma te asegurarás de no enajenar voces desconocidas o tradicionalmente patologizadas. La inclusividad rigurosa también implica esforzarte al máximo para evitar ser partícipe de sistemas que refuerzan a nivel estructural estereotipos, prejuicios y falsas conjeturas –no solo sobre hombres, mujeres e individuos que no se conforman a un género, sino también todas las otras modalidades de sectarismo que conducen a la exclusión social.

Hay gente que opinará que la labor de los padres consiste, antes que nada, en preparar a sus hijos para que prosperen en el mundo que vivimos. Los niños deben aprender a adaptarse a las realidades contextuales que les esperan en un futuro, incluso aunque no nos guste como están las cosas. Otros argumentarán que, si bien el esencialismo de género no tiene una base científica, sigue siendo una realidad cultural, y, por lo tanto, deberíamos proporcionarles a nuestros hijos las herramientas necesarias para medrar y encajar en una sociedad que está plagada de estereotipos. Este libro está de acuerdo con esta perspectiva, hasta cierto punto. A pesar de que sé que no hay ningún buen argumento que pueda defender la validez de roles paternos específicos a un género, insisto en analizar e interpretar la figura paterna –y utilizo pronombres neutrales al hacerlo– porque sé que muchísima gente adopta una *persona* de padre y la considera inherentemente masculina. Sin embargo, también sé que, si decidiera distinguir rasgos específicamente paternales y los presentara como primordial o eternamente masculinos, estaría perpetuando las falacias mitológicas del esencialismo de género propio de vestidores. Dicho esto, he escrito este libro pensando principalmente en hombres cisgénero, con la intención de proporcionarles las herramientas feministas que necesitarán para abrirse camino a través del *ethos* cultural contemporáneo. ¿Por qué? Porque un padre feminista debería considerar su familia (y todas sus otras relaciones) como el microcosmos de un mundo más inclusivo. Tiene que aceptar que su deber consiste en preparar a sus hijos para que rehagan la cultura de forma que sea rigurosa y exhaustivamente inclusiva.

Con tal de clarificar cómo se refleja esto en las prácticas cotidianas, explicaré cómo aplico este mismo pensamiento a mis clases de universidad. Además de todo el contenido académico requerido, cada semestre dedico algunas sesiones a enseñar a los estudiantes las habilidades necesarias para *escuchar atentamente* y *hablar deliberadamente*. Estas son las competencias que forman la base de la inclusividad. El acto de escuchar atentamente está vinculado a la conciencia crítica. Nos exige observar y presenciar. Tiene que ver con evitar la tentación de querer poseer el conocimiento o llegar a soluciones fáciles y tangibles. Les recuerdo a los estudiantes que la mayor parte del tiempo escuchamos como si estuviéramos intentando geolocalizar un espacio donde podamos jalonar nuestro propio territorio intelectual. Preguntamos: ¿estoy de acuerdo, o no? ¿Qué puedo sacar de esta idea? ¿Cómo puedo responder a esta pregunta? Este profesor ¿puede proporcionarme bienes cognitivos de valor? ¿Este compañero de clase es tan listo como yo? Todos estos son ejemplos de una escucha con intenciones autoritativas; lo que pretendes es poseer y dominar el panorama académico. Es lo que Paulo Freire llamó la «conciencia opresora». En cambio, escuchar atentamente significa asistir al discurso en crudo, en vez de entender, juzgar, o llegar a conclusiones. Para hacerlo, debes escuchar lo que los otros están diciendo y presuponer que representa algo digno y respetable, algo que merece la pena considerar, incluso cuando la enunciación te parezca problemática. Mirar debajo de la superficie, e intentar sintonizar con la verdad ahí insertada. Dicho de otra forma, no escucharás para detectar indicadores y significantes que te indique a qué jarrita corresponde cada comentario. En vez de eso, darás validez a todos tus interlocutores dejando clara tu voluntad de integrar sus voces responsivamente.

Hablar deliberadamente es el corolario, y a la mayoría de nosotros se nos da fatal, especialmente cuando se trata de aulas y reuniones de negocios. ¿Alguna vez has alzado la mano solo para decir al grupo que estás de acuerdo con una idea que ya se ha expresado? «Pienso exactamente lo mismo, pero lo diría de otra forma». Esto no es un ejemplo constructivo de alguien que desea contribuir con algo nuevo a la clase o al debate en ciernes. Más bien, es una tentativa de fortificar tu propia posición o reencuadrar los pensamientos de otra persona para que concuerden con tu autoridad patriarcal narcisista. ¿Pues sabes qué? A nadie le hace ninguna falta ver las cosas como tú. Eso no es responsivo; es como pedirle al *smartphone* de alguien que se adapte automáticamente a tu página web. En vez de ello, hablar deliberadamente implica reflexionar sobre cómo se interpretarán tus palabras y considerar si es realmente necesario que alguien las oiga. ¿Contribuyen algo a la conversación colectiva? No podrás saberlo –y no podrás hablar atentamente– si no has escuchado con intención. Esto demuestra inclusividad porque necesariamente implica reconocer que tu voz es solo una parte de un proceso participativo de producción de sentido. El tuyo es solo uno entre muchos otros mitos que chocan. Puedes o bien contribuir para marcar tu territorio y establecer jalones, o puedes dejar que tu voz construya plataformas en las cuales puedan alzarse los otros.

Siempre trato estas ideas al principio del semestre, pero también intento regresar a ellas más adelante. ¿Por qué? Porque casi todo lo que han aprendido los estudiantes sobre cómo interpretar la institución escolar –por lo menos durante doce años antes de llegar a la universidad– les enseña lo contrario: No practiques una escucha atenta o un discurso deliberado. Quizás les digamos que valoramos la inclusividad (normalmente la llamamos *diversidad*), pero no nos preocupamos mucho para enseñarles las competencias necesarias para ser inclusivos. En vez de ello, fomentamos una cultura radicada en toscos logros individualistas.

Podemos trasladar todo esto a la paternidad. Los padres quizás hablan largo y tendido sobre la importancia de la diversidad y la inclusividad, pero raramente les enseñamos a nuestros hijos las competencias necesarias para poner en práctica las conductas correspondientes a estos valores. Es pasmoso, si te paras a pensarlo: ¿cuánto tiempo pasan los padres dando el tipo de consejos típicamente asociados a la masculinidad? Enseñamos a nuestros hijos a chutar la pelota, a entender las reglas del futbol o el básquet, a utilizar herramientas, a arreglar un motor. Los medios están plagados de imágenes inspiradoras que sugieren que la transmisión de estas habilidades prácticas cotidianas conforma la base de lo que significa ser una buena figura paterna. Y, sin embargo, apenas nos preocupamos por enseñarles las habilidades necesarias para que interioricen una inclusividad exhaustiva y rigurosa.

Un padre feminista no comete ese error. Recurre a una inclusividad rigurosa en todas sus interacciones familiares. Permite que a la hora de cenar todas las voces participen equitativamente en la conversación. Valora cualquier reacción a la noticia radiofónica que se escucha en el coche –e incluso cuando le parezca absurda o inmadura, la sondea para hallar un significado más profundo–. Esto demuestra que sabe que, oculta bajo cada comentario, hay una voz digna de escuchar. No compite para acaparar la atención; recibe con los brazos abiertos, y responsivamente, la compañía de los otros. También formula una práctica de bienestar psicológico individual que reconoce que todos tenemos voces opuestas dentro de nuestras cabezas; comparte con sus hijos sus pensamientos y sentimientos contradictorios porque quiere que sepan que está escuchando atentamente y hablando deliberadamente incluso cuando se trata de un diálogo interno. Deja que las competencias de la inclusividad formen la base de todo lo que hace.

Conclusión
Figura paterna en desarrollo

DOMINGO, 8:22 A.M.: Normalmente me tomo mi expreso en un vaso transparente de duralex de tres onzas –el tipo de recipiente que encontrarías en un bistró francés. Mis niños nunca me regalaron una de esas tazas donde hay escrito EL MEJOR PAPÁ DEL MUNDO. De hecho, dudo que mis hijos dijeran que tienen el mejor papá del mundo. Espero que no. Me gustaría que reconocieran que hay muchas cosas que su padre podría hacer mejor. Es por eso que siempre he querido dejarles claro que cometo errores (y según ellos, no lo admito lo suficiente). También intento pedirles perdón cuando pierdo la paciencia–, algo que sucede más de lo que me gustaría. Si todo sale según lo previsto, un día mis hijos me regalarán una taza donde haya escrito FIGURA PATERNA EN DESARROLLO.

No estoy siendo humilde. Creo que soy un papá genial. De hecho, si alguien se merece la mejor taza del mundo para el Día del Padre, ese soy yo. No es porque empezara mi carrera como escritor en carácter de experto en videojuegos y les proporcionara a mis chicos algunas de las mejores experiencias lúdicas de la historia. No, es porque a menudo me ven inmiscuido en procesos de autocrítica. Son conscientes de que siempre estoy intentando identificar los patrones, discursos y estructuras culturales problemáticos que mis conductas habituales reproducen y mantienen. Me considero un gran padre porque creo que la imagen que tienen mis hijos en su mente de lo que se supone que debería ser un hombre maduro es la de un padre feminista.

Siempre llevo una pequeña figurita imaginaria de mi padre en el bolsillo. Es como un juguete de Darth Vader u Obi-Wan Kenobi, hecho de plástico, con brazos y piernas articulados. Me habla siempre que se lo pido, como un superhéroe. Hace acto de presencia especialmente en reuniones de negocios, o cuando tengo que tomar decisiones financieras. A menudo está ahí cuando estoy negociando –cuando siento la necesidad de demostrar autoridad y poder, y quiero proyectar una seguridad en mí mismo digna de un macho alfa–. Forma parte de cada decisión ética que tomo, lo escucho siempre que me pregunto, ¿Qué es lo que debería hacer? Ahí está, supervisando mis proyectos de reformas domésticas (fontanería, carpintería, o simplemente la colocación de una foto enmarcada). Cuando estoy discutiendo o debatiendo, aparece de repente, para recordarme que debo escuchar antes de hablar, porque siempre es mejor jugar tus cartas después de ver las que tiene tu oponente en su mano. Ahí está, en el pasillo de congeladores del supermercado, diciéndome que me asegure de que la etiqueta diga «helado» de verdad, y no un «postre de lácteos congelados». Y es gracias a él que siempre doy prioridad a mis hijos, incluso llamando desde el trabajo si me necesitan; eso es lo que Papá siempre hizo por mí.

Me alegra tenerlo a él como consejero y ejemplo a seguir. Quiero a mi padre y lo aprecio más de lo que podrías imaginarte, pero mis hijos están creciendo en un mundo distinto al que crecí yo, y quiero ser un tipo distinto de figura de acción imaginaria en su bolsillo. Quiero que me vean como una imagen de la conciencia crítica, del anti-esencialismo de género propio de vestidores, y la inclusividad rigurosa. Espero que de adultos invoquen mi voz cuando les cueste sopesar las implicaciones políticas y sociales de sus acciones.

Creo que esto de la crianza está progresando como debería. Mis hijos acuden a mí buscando respuestas a preguntas difíciles, al menos de vez en cuando. También sé que mis estudiantes buscan mi aprobación, a veces recibo correos de gente a quien impartí clase hace años que quieren hacerme saber que están involucrados en labores sustanciales de justicia social. Saco pecho del orgullo. Siento que he marcado una diferencia. Leo sus palabras a Amanda. Y es entonces que me asalta una sensación de desconfianza en mí mismo.

«¿Papá es quien mejor conoce la situación? ¿Profesor inspirador?» Me molesta seguir ocupando una posición de poder autoritativa a pesar de todo lo que hago para deconstruir las conductas sexistas, misóginas y patriarcales que hemos normalizado a través de procesos de socialización. Intento formular otra forma de sacar la mejor versión de mí mismo, pero me es imposible evitar el privilegio que la sociedad concede a las figuras paternas. Pretender lo contrario me haría cómplice. Los padres gozamos de privilegios. Hay mucho poder en el hecho de ser padre.

Queridos padres: os lo ruego, ejerced ese poder de maneras feministas.

Para seguir con el diálogo, visita:

www.FeministDadBook.com

Agradecimientos

Preparar y escribir este libro ha sido una tarea mucho más laboriosa de lo que anticipaba. Tengo la suerte de haber contado con una excelente editora: Tracy Behar. Se ha encargado del proceso demostrando mucha paciencia (y a veces impaciencia). Cuando empecé a trabajar en este proyecto en verano de 2019, le dije a Tracy que necesitaba sentir la libertad de poder seguir el texto a los parajes más radicales y extremos a los que me conduciría, a la vez que esperaba que, cuando fuera preciso, me ayudara a reenfocarlo y a no perder el hilo. Fue necesario en múltiples ocasiones, y siempre confié en su criterio.

Gracias también a Jules, Jess, Ian, y todas las otras personas extraordinarias en la editorial Little, Brown que han apoyado mi trabajo. Bonnie Solow no solo es una fantástica agente literaria, sino también una gran amiga, confidente y consejera. Responde a todas mis maníacas llamadas telefónicas, recibe con calma mi paranoia, me anima cuando más lo necesito. Jazz Paquet leyó el manuscrito penúltimo de este libro; sus comentarios fueron tanto instructivos como alentadores.

Una noche –hace mucho tiempo–, cenando fuera, tuve con mi amigo Mac una conversación sobre sexo, género e identidad. Por entonces yo iba *tan* desencaminado... Desde entonces he estado intentando entender esa mirada de desdén, menosprecio e incredulidad que me dirigió; creo que ahora finalmente la comprendo.

George Papandreou me demuestra consistentemente que las nociones tradicionales del poder del macho alfa no son prerrequisitos para un liderazgo potente. Además, los recuerdos personales que compartió conmigo sobre sus experiencias trabajando con Paulo Freire me dieron entusiasmo necesario para plantear la conciencia crítica como una de las bases de este libro.

Michael Stipe ha sido un amigo, un ejemplo a seguir y una fuente de inspiración durante por lo menos dos décadas; dudo que hubiera escrito este libro de esta manera sin su influencia en mi vida.

Una discusión que mantuve con Ben Lee en los albores del proceso de escritura me ayudó a entender que era imperativo que deconstruyera el esencialismo de género jungiano en este libro. Muchas conversaciones con Roxanne Partridge –especialmente un debate bien entrada la noche en Aletis House sobre la naturaleza del patriarcado– han influenciado varias de las ideas que he planteado en las páginas anteriores. Robert Granat es un defensor de la inclusividad rigurosa con una conducta particularmente cínica, razón por la cual fue un excelente interlocutor mientras lidiaba con algunas decisiones editoriales difíciles. Frankie Tartaglia me dijo que los libros con cubiertas amarillas reciben la mayor atención. Jen Boulden no dejó de gritarme hasta que encontrara un subtítulo que le pareciera correcto. Meghan McDermott siempre está cuestionando, apoyando y aplaudiendo mis ideas. Cuando Mary Watkins me introdujo en la psicología de la comunión y la liberación, no pensé que pudiera suscitar mi interés, pero ha perfilado todo mi trabajo desde entonces. Ed Casey me enseñó cómo las herramientas de la fenomenología pueden utilizarse para tratar problemas sociales y políticos comunes.

Quisiera agradecer a todos los estudiantes con los que he compartido aulas en la Universidad de Temple; derriban consistentemente mis expectativas y presunciones, forzándome a reformular mi pensamiento de formas más equitativas y exhaustivas. Ruth Ost y el resto del profesorado de la Universidad de Temple me saludaron prácticamente todas las mañanas (antes del COVID-19), sin nunca quejarse de que había ocupado un escritorio en *su* espacio; escribí la propuesta original para este libro en esa mesa. Douglas Greenfield, Dustin Kidd, Emily Carlin, y todos mis colegas en el Programa de Herencia Intelectual siguen siendo una comunidad valiosa y vertebradora.

Mamá, Papá, Jessica, Courtney, el hijo sabio, y el hijo listo –así como mis sobrinos y sobrinas– son la mejor familia que alguien podría tener. Me siento afortunado.

Mis hijos e hijastros se merecen todas las recompensas del mundo por haber aguantado mi estrés y ansiedad a medida que se acercaba la fecha de entrega de este libro, pero no les daré ninguna porque siguen olvidándose de meter sus platos en el lavavajillas.

Amanda lo es todo.

Notas

Introducción

1. Coontz, Stephanie. *The Way We Never Were: American Families and the Nostalgia Trap*. Nueva York: Basic Books, 2016.

2. hooks, bell. *Feminism Is for Everybody: Passionate Politics*. Londres: Pluto Press, 2000.

3. Adichie, Chimamanda Ngozi. *We Should All Be Feminists*. Nueva York: Knopf Doubleday Publishing Group, 2014.

4. hooks, bell. *Feminist Theory: From Margin to Center*. Abingdon: Taylor & Francis, 2014.

5. Soy un hombre cisgénero. Prefiero no identificarme como gay o heterosexual, ya que creo que la gente quiere a la gente, no las etiquetas. Durante la mayor parte de mi vida adulta, he utilizado la palabra *queer* porque no es categórica y por lo tanto es más inclusiva, pero llevo casi una década en una relación heterosexual de larga duración con una mujer (Amanda). Nací en un hogar judaico– digo judaico en vez de judío porque considero el judaísmo como una religión y una cultura, y no tanto una categoría biológica o genética. Sin embargo, la mayoría de la gente me consideraría «judío». Por supuesto, es discutible si los «judíos» son «blancos», así que me resulta problemático identificarme como un hombre blanco. No obstante, mi piel es pálida y me beneficio del privilegio blanco, masculino, cisgénero y heterosexual.

6. Shapiro, Jordan. «Pulling Pork: Intimacy, Commitment, and Outdoor Cooking». *The Good Men Project*. 19 de julio, 2013. goodmenproject.com/featured-content/pulling-pork-intimacy-commitment-and-outdoor-cooking/

7. Es un ejemplo que tomo prestado de Myers, Kyl. *Raising Them: Our Adventure in Gender Creative Parenting*. Amazon Publishing, 2020.

8. hooks, bell. *The Will to Change: Men, Masculinity, and Love*. Nueva York: Atria Books, 2004.

9. Adichie, Chimamanda Ngozi. *Dear Ijeawele, or A Feminist Manifesto in Fifteen Suggestions.* Nueva York: Knopf Doubleday, 2017.

***Primera parte.* En el nombre del padre**

10. Vonnegut, Kurt. *Mother Night*. Nueva York: Dial Press, 2009.
11. Jung, Carl G. *Psychological Types*, vol. 6. Princeton, NJ: Princeton University Press, 1971. (Párrafo 803)
12. Jung, Carl G. *Two Essays on Analytical Psychology*. Princeton, NJ: Princeton University Press, 1977. (Párrafo 305)
13. Green, Elliot. «What are the most-citedpublications in the social sciences (according to Google Scholar)?» 12 de mayo, 2016. blogs.lse.ac.uk/impactofsocialsciences/2016/05/12/what-are-the-most-cited-publications-in-the-social-sciences-according-to-google-scholar/
14. Goffman, Erving, Charles Lement, and Ann Branaman. *The Goffman Reader*. Malden, MA: Blackwell, 1997.
15. Aunque no es una cita directa, he tomado prestado el concepto de «causa y efecto» de Anthony Elliot, *Concepts of the Self*. Malden, MA: Polity, 2014.
16. Ver el documental de Taylor Swift en Netflix *Taylor Swift: Miss Americana* (2020), donde dice «Te conviertes en la persona que la gente quiere que seas».
17. Raeburn, Paul. *Do Fathers Matter? What Science Tells Us About the Parent We've Overlooked.* Nueva York: Scientific American/Farrar, Straus and Giroux, 2014.
18. Machin, Anna. «How Men's Bodies Change When They Become Fathers». *New York Times: Parenting*, 13 de junio, 2019. parenting.nytimes.com/health/fatherhood-mens-bodies?mcid=NYT&mc=EInternal&subid=Parenting&type=content
19. Raeburn. *Do Fathers Matter?*
20. Newman, Lucile. «The Couvade: A Reply to Kupferer». *American Anthropologist*, vol. 68, núm. 1, 1966, nueva serie, 153–156.
21. Newman, Barbara and Leslie Newman. «Some Birth Customs in East Anglia». *Folklore*, vol. 50, núm. 2, 1939, 176–187.
22. Frazer, James George. *Totemism and Exogamy*. Nueva York: Cosimo Classics, 2010.
23. Tasker, Fiona. «Same-Sex Parenting and Child Development: Reviewing the Contribution of Parental Gender. *Journal of Marriage and Family*, vol. 72, núm. 1, febrero de 2010, 35–40.

24. Adams, Jimi and Ryan Light. «Scientific Consensus, the Law, and Same Sex Parenting Outcomes». *Social Science Research*, vol. 53, septiembre de 2015, 300–310.

25. hooks, bell. *Feminism Is for Everybody: Passionate Politics.* Londres: Pluto Press, 2000.

26. Manne, Kate. *Entitled: How Male Privilege Hurts Women.* Nueva York: Crown, 2020.

27. «The Benefits of Babywearing, Learning Different Carries, and More». Attachment Parenting International. attachmentparenting.org/parentingtopics/infants-toddlers/babywearingtouch

28. Sears, Martha y William Sears. *The Attachment Parenting Book: A Commonsense Guide to Understanding and Nurturing Your Baby.* Nueva York: Little, Brown, 2001. Capítulo 6, «Babywearing».

29. Todas las estadísticas de este párrafo están extraídas de: Livingston, Gretchen y Kim Parker. «8 Facts about American Dads». 12 de junio, 2019. Centro de Investigaciones Pew. pewresearch.org/fact-tank/2019/06/12/fathers-day-facts/

30. Ibídem.

31. Harmon, Amy. «'They' Is the Word of the Year, Merriam-WebsterSays, Noting Its Singular Rise». *New York Times*, 10 de diciembre, 2019. nytimes.com/2019/12/10/us/merriam-webster-they-word-year.html

32. Ver «Introduction: They Let You Do it» en West, Lindy. *The Witches Are Coming.* Nueva York: Hachette, 2019.

33. Hablo de esta resistencia en detalle en *The New Childhood.* Ver: «Part Two: Home» en Shapiro, Jordan. *The New Childhood: Raising Kids to Thrive in a Connected World.* Nueva York: Little, Brown, 2018.

34. Desde luego, hay muchos ejemplos históricos de roles sociales que se dividen según el género, pero este en particular les habría parecido absurdo a los humanos premodernos. Como explica la historiadora Stephanie Coontz, los años cincuenta fueron la primera vez que «una mayoría de bodas en la Europa occidental y América del Norte fueron entre una mujer ama de casa a tiempo completo y un hombre asalariado». La mitad del siglo xx fue la única vez en la historia que la mayoría de las familias podían «realmente sobrevivir con las ganancias de una única persona en la casa que fuera al trabajar». Ver: Coontz, Stephanie. *Marriage, a History: How Love Conquered Marriage.* Nueva York: Penguin Publishing Group, 2006.

35. Kimmel, Michael. «Masculinity as Homophobia: Fear, Shame, and Silence in the Construction of Gender Identity» en M. M. Gergen y S. N. Davis (eds.), *Toward a New Psychology of Gender*, Abingdon: Taylor & Francis, 1997,

223–242. Brod, Harry y Michael Kimmel. *Theorizing Masculinities*. Newbury Park, CA: Sage, 1994. 119–141.

36. Coontz, Stephanie. *The Way We Never Were: American Families and the Nostalgia Trap*. Nueva York: Basic Books, 2016.

37. Salam, Maya. «What Is Toxic Masculinity?» *New York Times*, 22 de enero, 2019. nytimes.com/2019/01/22/us/toxic-masculinity.html

38. Asociación Estadounidense de Psicología, Grupo de Directrices para Chicos y Hombres. *APA Guidelines for Psychological Practice with Boys and Men*. 2018. apa.org/about/policy/psychological-practice-boys-men-guidelines.pdf

39. «Evidentemente, es muy ingenuo pensar que solo la terapia sería suficiente para rectificar las fuerzas sistémicas mayores detrás de un problema como la masculinidad tóxica», escribió el periodista Barrett Swanson en *Harper's Magazine*, después de pasar un fin de semana participando en «aventuras que revalidaban la virilidad» en una lujosa cabaña en los bosques de Ohio. Ver: Swanson, Barrett. «Men at Work: Is There a Masculine Cure for Toxic Masculinity?» *Harper's Magazine*, noviembre de 2019: 22–33.

40. Hartocollis, Peter. «Origins and Evolution of the Oedipus Complex as Conceptualized by Freud». *Psychoanalytic Review*, vol. 92, núm. 3, 315–334.

41. Larson, Stephen y Robin Larson. *Joseph Campbell: A Fire in the Mind. The Authorized Biography.* Rochester, Vermont: Inner Traditions, 2002.

42. *Joseph Campbell and the Power of Myth*. Public Square Media, Inc., 1988. billmoyers.com/series/joseph-campbell-and-the-power-of-myth-1988/

43. Campbell utiliza el término *Mistagogo* con frecuencia en esta sección, un término que originalmente se refería a las personas que iniciaban potenciales candidatos a los antiguos Misterios Eleusinos.

44. La cursiva es suya, no mía.

45. Headley, Maria Dahvana. *Beowulf: A New Translation*. Nueva York: Farrar, Straus and Giroux, 2020.

46. Vernant, Jean-Pierre. *The Universe, the Gods, and Men: Ancient Greek Myths*. Traducción de Linda Asher. Nueva York: Perennial, 2002.

47. Black, Michael Ian. *A Better Man: A (Mostly Serious) Letter to My Son*. Chapel Hill, NC: Algonquin Books, 2020.

48. «Es sorprendente descubrir que el Padrenuestro, que los maestros cristianos (e incluso académicos) siempre han aseverado que es único, en realidad proviene del Kadish». Ver: Chilton, Bruce. *Rabbi Jesus*. Nueva York: Bantam, 2000.

49. Gutmann, Matthew. *Are Men Animals? How Modern Masculinty Sells Men Short*. Nueva York: Basic Books, 2019.

50. Por supuesto, esta conceptualización también juega un papel determinante en la habilitación del bienestar psicológico (y los derechos humanos) de individuos no conformes al género que han sufrido por culpa de las categorías binarias tradicionales varón/hembra.

51. Fausto-Sterling, Anne. *Sex/Gender: Biology in a Social World.* Londres: Routledge, 2012.

52. Sax, Leonard. «How Common Is Intersex? A Response to Anne Fausto-Sterling». *Journal of Sex Research*, vol. 39, núm. 3, agosto de 2002, 174–178.

53. Esta explicación de por qué el sexo es en realidad un espectro ha aparecido en muchos hilos de Twitter, demasiados como para saber del cierto quién la elaboró primero. Ver, por ejemplo: twitter.com/ScienceVet2/status/1035246030500061184?s=20 o twitter.com/RebeccaRHelm/status/1207834357639139328?s=20. Después de llevar a cabo un estudio riguroso para confirmar los hechos, decidí que la estructura retórica original hallada en Twitter era la más adecuada. He parafraseado, reformulado y combinado múltiples hilos, y he hecho algunos añadidos y sustracciones. Pero no merezco el pleno reconocimiento por la construcción retórica de esta argumentación.

54. ¿Es así como se espera que se comporte realmente el SRY? Fijémonos en cómo este fraseo descuidado presupone una versión «normal» de la biología sexual.

55. «SRY gene, sex determining region Y». Medline Plus, n.d. ghr.nlm.nih.gov/gene/SRY#conditions. Última fecha de acceso: 4 de febrero, 2020.

56. «En los hombres, el estradiol es esencial para modular la libido, la función eréctil y la espermatogénesis. Los receptores de estrógeno, así como también la aromatasa, la enzima que transforma la testosterona en estrógeno, abundan en el cerebro, pene y testículos, órganos importantes para la función sexual. En el cerebro, la síntesis de estradiol crece en áreas vinculadas a la excitación sexual. Además, en el pene, los receptores de estrógeno se hallan por todos los cuerpos cavernosos en una alta concentración alrededor de los fascículos neurovasculares». Shulster, Michael, Aaron M. Bernie and Ranjith Ramasamy. «The Role of Estradiol in Male Reproductive Function». *Asian Journal of Andrology*, vol. 18, núm. 3, Mayo–Junio de 2016, 434–440.

57. Jordan-Young, Rebecca M. y Katrina Karkazis. *Testosterone: An Unauthorized Biography*. Cambridge, MA: Harvard University Press, 2019.

58. Fine, Cordelia. *Testosterone rex: Unmaking the Myths of Our Gendered Minds*. Londres: Icon, 2018.

59. No tengo intención de excluir aquí a los padres adoptivos. Simplemente me estoy refiriendo a mis propias circunstancias, y no quisiera implicar que esta sea una característica definitoria de la paternidad.

60. Moore, Robert y Douglas Gillette. *King, Warrior, Magician, Lover.* San Francisco: Harper, 1990.

61. Peterson, Jordan B. *12 Rules for Life: An Antidote to Chaos.* Toronto: Penguin Random House, 2018.

62. Barthes, Roland. *Mythologies.* Nueva York: Hill and Wang, 1972. Prefacio, página 10.

63. Ibídem.

64. El concepto del «narrador poco fiable» lo tomo prestado de Lori Gottlieb, autora de *Maybe You Should Talk to Someone.*

***Segunda parte.* Padre nuestro, rey nuestro**

65. La autora a la que me refiero aquí es Iris Smyles. Sus libros son excelentes. Los recomiendo.

66. Según cuentan los mitos, Hera dio luz a Hefesto sin ninguna ayuda de Zeus. Quizás el dios lisiado de la forja debería ser caracterizado como el hijastro de Zeus.

67. *Iliad.* Cambridge, MA: Hackett Publishing, 1997. Libro 18, Versos 504-559.

68. Hillman, James. *Re-Visioning Psychology.* Nueva York: HarperCollins, 1992.

69. Hanh, Thich Nhat. *The Heart of the Buddha's Teaching: Transforming Suffering Into Peace, Joy, and Liberation.* Nueva York: Potter/Ten Speed/Harmony/Rodale, 2015.

70. Hillman, James. *Re-Visioning Psychology.* Nueva York: HarperCollins, 1992.

71. Adams, Michael Vannoy. *The Mythological Unconscious.* Londres: Karnac Books, 2001.

72. «Fíjate en la palabra responsabilidad –'respuesta-habilidad'– la habilidad de decidir tu respuesta». Covey, Stephen R. *The 7 Habits of Highly Effective People.* Miami, FL: Mango Media, 2015.

73. Deacon Jones, el famoso ala defensivo del fútbol americano, dijo: «Dick era un animal. Yo lo consideraba un maníaco. Un maníaco de la edad de piedra. Era un animal bien condicionado, y cada vez que te golpeaba, intentaba enviarte al cementerio, no al hospital». nbcsports.com/chicago/chicago-bears/bears-classics-dick- butkus-profiles-standard-mlb-greatness

74. Willingham, Emily. *Phallacy: Life Lessons from the Animal Penis.* Nueva York: Penguin Publishing Group, 2020.

75. Quizás incluso más que «todo lo que se encuentra bajo el sol», pero en esa época el heliocentrismo todavía no había sido aceptado como hecho.

76. De hecho, eso es exactamente lo que pasó hasta que la teoría de la relatividad de Einstein reemplazó la descripción de la gravedad de Newton. La teoría de Einstein cambió nuestra forma de entender la gravedad. Pasó de ser una fuerza simple, mecánica y atractiva a ser la curva del espacio y el tiempo alrededor de un objeto. Ahora los físicos reconocen que los agujeros negros ponen en cuestión la autoridad de la teoría de Einstein. Ver Deaton, Jeremy, «Einstein Showed Newton Was Wrong about Gravity. Now Scientists Are Coming for Einstein». NBC News, 3 de agosto, 2019. nbcnews.com/mach/science/einstein-showed-newton-was-wrong- about-gravity-now-scientists-are-ncna1038671

77. Orlinsky, Harry M. *The Torah: The Five Books of Moses.* Filadelfia, PA: Jewish Publication Society of America, 1967.

78. John Stuart Mill y Harry Frankfurt son otros autores de teorías influyentes sobre la «autonomía». Mill concede espacio a los instintos y deseos corporales –a condición de que una persona esté dirigiendo sus propias acciones–. Frankfurt plantea una perspectiva jerárquica de la autonomía donde deseos de un primer orden son suscritos reflexivamente por deseos de un segundo orden.

79. Franz, Marie-Luise von. *The Interpretation of Fairy Tales.* Boulder, CO: Shambhala, 1996.

80. Engels, Friedrich. *The Origin of the Family, Private Property and the State.* Londres: Penguin Books Limited, 2010.

81. Grimm, Jacob y Wilhelm Grimm. *Fairy Tales: The Complete Original Collection with Over 200 Stories.* Sudbury, MA: Ebookit.com, 2013.

82. Franz. *The Interpretation of Fairy Tales.*

83. Ibídem.

84. Ver «Einstein's Brain» in Barthes, Roland. *Mythologies.* Nueva York: Hilland Wang, 1972.

85. Kuhn, Thomas S. *The Structure of Scientific Revolutions.* Chicago: University of Chicago Press, 1962.

86. Manne, Kate. *Down Girl: The Logic of Misogyny.* Nueva York: Oxford University Press, 2019.

87. Franz. *The Interpretation of Fairy Tales.*

88. Centro de Investigación Pew. «Marriage and Cohabitation in the U.S». .Noviembre de 2019.

89. Coontz, Stephanie. *Marriage, a History: How Love Conquered Marriage.* Nueva York: Penguin Publishing Group, 2006.

90. Abramson, Kate. «Turning Up the Lights on Gaslighting». *Philosophical Perspectives,* vol. 28, núm. 1, Diciembre de 2014, 1–30.

91. Manne. *Down Girl.*

92. Stark, Cynthia A. «Gaslighting, Misogyny, and Psychological Oppression». *The Monist*, vol. 102, núm. 2, 2019, 221–235.

93. Descartes, René. *Discourse on Method: Of Rightly Conducting One's Reason and of Seeking Truth in the Sciences.* Auckland, Nueva Zelanda: Floating Press, 1924.

94. Thomas Carlyle planteó esta perspectiva en su libro *On Heroes, Hero-Worship and the Heroic in History* (1841). «La Historia Universal, la historia de todo lo que los hombres han logrado en este mundo, es en el fondo la Historia de los Grandes Hombres que vivieron aquí. Fueron los líderes de hombres, estas grandes figuras; diseñaron los modelos y los patrones, fueron los creadores, en un sentido más amplio, de todo aquello que la masa general de hombres pretendía hacer o conseguir; todos los logros que presenciamos en el mundo son propiamente el resultado material externo, la materialización y encarnación, de los pensamientos que se alojaron en esos Grandes Hombres que fueron enviados al mundo: el alma de la historia del mundo entero, podríamos afirmar justamente, es la historia de estos». Ver Carroll, Noël. «Carlyle, Thomas». *Cambridge Dictionary of Philosophy*, editado por Robert Audi, 2.ª ed., Cambridge University Press, 1999, 118. La forma como Carlyle plantea la historia ha sido cuestionada y mayormente rechazada por los historiadores. Pero yo aseveraría que la mayoría de nosotros seguimos adhiriéndonos a ella.

95. Cervantes, Miguel de. *Don Quixote.* Nueva York: HarperCollins, 2003.

96. Isaacson, Walter. *Steve Jobs.* Nueva York: Simon & Schuster, 2011.

97. Aquí estoy parafraseando a Roland Barthes. De hecho, estoy mezclando a la ligera las dos frases que cité en la primera parte: «Así es como siempre ha sido».

98. brown, adrienne maree. *Emergent Strategy: Shaping Change, Changing Worlds.* Chico, CA: AK Press, 2017.

99. Curiosamente, el concepto «síndrome del impostor» proviene de un estudio de mujeres en universidades –tanto estudiantes como personal administrativo– que «se sentían internamente fraudulentas y desconfiaban de sus habilidades, a pesar de haber obtenido éxito en sus estudios». Dancy, T. Elon. «Impostor Syndrome». *The SAGE Encyclopedia of Psychology and Gender.* Editado por Kevin L. Nadal. Thousand Oaks, CA: SAGE Publications, Inc., 2017, 934–935.

100. Hanh, Thich Nhat. *The Heart of the Buddha's Teaching: Transforming Suffering Into Peace, Joy, and Liberation.* Nueva York: Potter/Ten Speed/Harmony/Rodale, 2015.

***Tercera parte.* ¿Quién es tu papi?**

101. Klasco, Richard. «Is There Such a Thing as a 'Sugar High'?» *New York Times*, 25 de febrero, 2020. nytimes.com/2020/02/21/well/eat/is-there-such-a-thing-as-a-sugar-high.html

102. Carroll, Abigail. *Three Squares: The Invention of the American Meal.* Nueva York: Basic Books, 2013.

103. Wolraich, Mark L., David B. Wilson, y J. Wade White. «The Effect of Sugar on Behavior or Cognition in Children. A Meta-analysis». *Journal of the American Medical Association*, vol. 274, núm. 20, 1995, 1617–1621.

104. Aristóteles. *Aristotle in 23 Volumes, Vol. 19*, traducción de H. Rackham. Cambridge, MA: Harvard University Press; Londres: William Heinemann Ltd. 1934.

105. En el *Simposio* de Platón, Sócrates dice: «La única cosa que afirmo entender es el arte del amor». Es un juego de palabras que subraya la similitud entre el nombre *erôs* («amor») y el verbo *erôtan* («preguntar»). También está insinuando la idea de que el eros tiende a implicar las acciones de sondear y destapar.

106. Devlin, Rachel. *Relative Intimacy: Fathers, Adolescent Daughters, and Postwar American Culture.* Chapel Hill, NC: University of North Carolina Press, 2005.

107. Varbanova, Vladimira y John D. Hogan. «Deutsch, Helene». En Robert W. Rieber R. (ed.), *Encyclopedia of the History of Psychological Theories.* Nueva York: Springer, 2012

108. Devlin. *Relative Intimacy.*

109. Massoni, Kelley. «'Teena Goes to Market': *Seventeen* Magazine and the Early Construction of the Teen Girl (As) Consumer». *The Journal of American Culture*, vol. 29, núm. 1, 31–42.

110. Ibídem.

111. Massoni, Kelley. *Fashioning Teenagers: A Cultural History of* Seventeen *Magazine.* Walnut Creek, CA: Left Coast Press, 2010.

112. Si bien se suponía que el eros entre papá e hija no era de carácter incestuoso, muchas historias clínicas indican que algunos doctores que trabajaban por entonces consideraban que un encuentro sexual consumado entre un padre y su hija sería menos perturbador, y menos propenso a arruinar una fase edípica versión 2.0 sana, que una ausencia total de relación. Ver: Devlin, Rachel. *Relative Intimacy: Fathers, Adolescent Daughters, and Postwar American Culture.* Chapel Hill, NC: University of North Carolina Press, 2005.

113. Ver el análisis que hace Rachel Devlin de *El padre de la novia*, libro

de Edward Streeter publicado en 1948, y su adaptación cinematográfica de 1950. «El ritual del padre que acompaña a la novia al altar, que se remonta por lo menos al siglo XVIII, ya era algo ubicuo en 1948. Sin embargo, la atención particular prestada a las diversas responsabilidades y disyuntivas emocionales del *padre* asociadas a la misma ceremonia inauguraba un nuevo foco de interés en la boda que apareció virtualmente de un día para otro con la publicación del libro de Streeter». Ver: Devlin. *Relative Intimacy.*

114. Ruhl, Sarah. *Eurydice.* Nueva York: Samuel French, 2008.

115. Lang, Gregory E. y Janet Lankford-Moran (ilustradora). *Why a Daughter Needs a Dad* (edición en miniatura). Nueva York: Sourcebooks, 2011.

116. Homero. *The Odyssey.* Nueva York: W. W. Norton, 2017.

117. Ver: Johnson, Eric Michael. «Raising Darwin's Consciousness: An Interview with Sarah Blaffer Hrdy on Mother Nature». *Scientific American,* 16 de marzo, 2012. blogs.scientificamerican.com/primate-diaries/raising-darwins-consciousness-an-interview-with-sarah-blaffer- hrdy-on-mother-nature/

118. Adichie, Chimamanda Ngozi. *Dear Ijeawele, or A Feminist Manifesto in Fifteen Suggestions.* Nueva York: Knopf Doubleday Publishing Group, 2017.

119. Blum-Ross, Alicia y Sonia Livingstone. *Parenting for a Digital Future: How Hopes and Fears about Technology Shape Children's Lives.* Nueva York: Oxford University Press, 2020.

120. Beck, Ulrich. «Democratization of the Family». *Childhood,* vol. 4, núm. 2, 1997, 151–168.

121. Callard, Agnes. «Acceptance Parenting». *The Point,* 2 de octubre, 2020. thepointmag.com/examined-life/acceptance-parenting/

122. Beck, Ulrich. «Democratization of the Family». *Childhood,* vol. 4, núm. 2, 1997, 151–168.

123. Tomo prestados los términos *privación simbólica* y *complacencia simbólica de* Allison Pugh, que los utiliza para describir cómo el estatus socioeconómico influye en las prácticas de crianza de hijos. Ver: Pugh, Allison. *Longing and Belonging: Parents, Children, and Consumer Culture.* Berkeley, CA: University of California Press, 2009.

124. UBS. «Own Your Worth». 2018. ubs.com/content/dam/Wealth Management Americas/documents/2018-37666-UBS-Own-Your-Worth-report-R32.pdf

125. Bernard, Tara Siegel. «When She Earns More: As Roles Shift, Old Ideas on Who Pays the Bills Persist». *New York Times,* 6 de julio, 2018. nytimes.com/2018/07/06/your-money/marriage-men-women-finances.html

126. Batson, C. Daniel *et al.* «Empathic Joy and the Empathy-Altruism

Hypothesis». *Journal of Personality and Social Psychology*, vol. 61, núm. 3, 1991, 413–426.

127. Consultar mi libro anterior, *The New Childhood: Raising Kids to Thrive in a Connected World*, si se desea una discusión más exhaustiva de los problemas de la «empatía».

128. Sharrow, Elizabeth A. *et al.* «The First-Daughter Effect: The Impact of Fathering Daughters on Men's Preferences for Gender-Equality Policies». *Public Opinion Quarterly*, vol. 82, núm. 3, otoño de 2018, 493–523.

129. Glynn, Adam y Maya Sen. «Identifying Judicial Empathy: Does Having Daughters Cause Judges to Rule for Women's Issues?» *American Journal of Political Science*, vol. 59, núm. 1, 37–54.

130. Sharrow, *et al.* «The First-Daughter Effect».

131. Myers, Kyl. *Raising Them: Our Adventure in Gender Creative Parenting.* Amazon Publishing, 2020.

132. Manne, Kate. *Down Girl: The Logic of Misogyny.* Oxford: Oxford University Press, 2018

133. Durante su proceso de confirmación, Brett Kavanaugh –por entonces nominado a la Corte Suprema de Estados Unidos– contó a los miembros de la Comisión de Justicia del Senado sobre su afición a entrenar los equipos de básquet de sus hijas. En sus declaraciones iniciales dijo: «Me gusta entrenarlas más que cualquier otra cosa que haya hecho en mi vida. Pero gracias a lo que han desencadenado algunos de ustedes a este lado del comité, es posible que nunca vuelva a poder entrenar jamás». usatoday.com/story/sports/columnist/erik-brady/2018/09/28/brett-www right-he-can-no-longer- coach-girls-basketball/1459496002/

134. Como explica Kate Manne, «no es evidente a primera vista que Trump tenga creencias especialmente sexistas sobre la (in)habilidad de las mujeres de competir al mismo nivel que él (sea el que sea) en el ámbito de los negocios y la política. Para empezar, Trump contrata a mujeres para ocupar posiciones importantes en sus compañías, lo cual indica que no subestima a (todas) las mujeres –más bien, necesita controlarlas–, y descabezar el riesgo de que lo eclipsen». Manne, Kate. *Down Girl: The Logic of Misogyny.* Oxford: Oxford University Press, 2018.

135. Centro de Investigación Pew. «As Millennials Near 40, They're Approaching Family Life Differently Than Previous Generations». Mayo de 2020.

136. Lockman, Darcy. *All the Rage: Mothers, Fathers, and the Myth of Equal Partnership*. Nueva York: Harper, 2019.

137. En una ocasión, mi amiga y colega Anya Kamenetz sugirió sabiamen-

te que las principales diferencias entre nuestros libros respectivos sobre niños y exposición a la pantalla tienen sentido si se observan a través de esta perspectiva de roles de género: ella ofrece a las madres formas de lograr un mejor equilibrio, mientras que yo propongo, desde mi rol como padre, que todo el mundo debería jugar a más videojuegos con sus hijos. Ver: Kamenetz, Anya. *The Art of Screen Time: How Your Family Can Balance Digital Media and Real Life*. Nueva York: PublicAffairs, 2018.

138. Shapiro, Jordan. «Pulling Pork: Intimacy, Commitment, and Outdoor Cooking». *The Good Men Project*. 10 de julio, 2013. goodmenproject.com/featured-content/pulling-pork-intimacy-commitment-and-outdoor-cooking/

139. Para un análisis excelente de la construcción de la «heterosexualidad» y las relaciones de sexos opuestos erigidas sobre la mitología de la «afección mutua», ver: Ward, Jane. *The Tragedy of Heterosexuality*. Nueva York: New York University Press, 2020.

140. Valdes, Francisco. «Unpacking Hetero-Patriarchy: Tracing the Conflation of Sex, Gender & Sexual Orientation to Its Origins». *Yale Journal of Law & the Humanities,* vol. 8, núm. 1, invierno de 1996, 161–212.

141. Joel, Daphna y Luba Vikhanski. *Gender Mosaic: Beyond the Myth of the Male and Female Brain*. New York: Little, Brown Spark, 2019.

142. Myers, Kyl. *Raising Them: Our Adventure in Gender Creative Parenting*. Amazon Publishing, 2020.

143. Neumann, Erich. *The Great Mother: An Analysis of the Archetype*. Princeton, NJ: Princeton University Press, 2015.

144. Hanly, Patrick and Anthony Alpers. *Maori Myths & Tribal Legends*. Londres: J. Murray, 1964.

145. «Durante el Desarrollo de *Moana*, la diosa volcánica Te Kā ('Flameante', 'Ardiente') se llamó originalmente Te Pō ('Noche', 'Oscuridad'), un guiño a Hine- nui-te-pō». Ver: Perris, Simon. «What Does Hine-Nui-Te-Po¯ Look Like? A Case Study of Oral Tradition, Myth, and Literature in Aotearoa New Zealand». *Journal of the Polynesian Society*, vol. 127, núm. 4, 2018, 365–388.

146. Paglia, Camille. *Sexual Personae*. New Haven, CT: Yale University Press, 1990.

147. Irigaray, Luce. *Speculum of the Other Woman*. Ithaca, NY: Cornell University Press, 1985.

148. Gray, John. *Men Are from Mars, Women Are from Venus: The Classic Guide to Understanding the Opposite Sex*. Nueva York: Harper, 2012.

Cuarta parte. Cómo ser un padre feminista

149. Martin Heidegger escribió: «Aquello que aporta límites, aquello que completa, en este sentido se llama *telos* en griego, que se traduce con demasiada frecuencia como 'objetivo' o 'propósito', y es así malinterpretado». Lovitt, William y Martin Heidegger. *The Question Concerning Technology, and Other Essays.* Nueva York: HarperCollins, 1977.

150. «Dos peces jóvenes están nadando, y resulta que se encuentran con un pez mayor que nada en dirección contraria, quien los saluda asintiendo y dice, "Buenos días, chicos. ¿Qué tal el agua?" Y los dos jóvenes peces siguen nadando un ratito más, hasta que uno de ellos se gira hacia el otro y le pregunta, "¿Qué demonios es el agua?"». Wallace, David Foster. *This Is Water: Some Thoughts, Delivered on a Significant Occasion, about Living a Compassionate Life.* Nueva York: Little, Brown, 2009.

151. Campbell, Joseph. *The Hero with a Thousand Faces.* Novato, CA: New World Library, 2008.

152. Freire, Paulo. *Pedagogy of the Oppressed: 50th Anniversary Edition.* NuevaYork: Bloomsbury Publishing, 2018.

153. Ibídem.

154. Freire, Paulo *et al. Education for Critical Consciousness.* Nueva York: Continuum, 1973.

155. Shulman, Helene y Mary Watkins. *Toward Psychologies of Liberation.* Londres: Palgrave Macmillan UK, 2008.

156. hooks, bell. *The Will to Change: Men, Masculinity, and Love.* Nueva York: Atria Books, 2004.

157. Kimmel, Michael. «Masculinity as Homophobia: Fear, Shame, and Silence in the Construction of Gender Identity». En Harry W. Brod y Michael Kaufman (eds.), *Research on Men and Masculinities Series: Theorizing Masculinities.* Thousand Oaks, CA: SAGE Publications, Inc., 119–141.

158. Aquí parafraseo a Roland Barthes… de nuevo, mezclando a la ligera las dos frases que cité en la primera parte, «Así es como siempre ha sido».

159. El psicólogo y autor superventas Leonard Sax escribe que la «devaluación y desintegración del ideal masculino» es uno de los cinco principales factores que perjudican a los chicos en la cultura contemporánea. ¡Puaj! Para colmo de males, el capítulo en el cual plantea esto se llama «La venganza de los dioses abandonados». Viene a decir, aparentemente, que modificar nuestra forma de entender la virilidad equivale a una violación del orden de las cosas natural, antiguo, primordial; la obra de Dios. Es un ejemplo claro y chirriante de esencialismo de género propio de vestidores. Ver: Sax, Leonard. *Boys Adrift:*

The Five Factors Driving the Growing Epidemic of Unmotivated Boys and Underachieving Young Men. Nueva York: Basic Books, 2016.

160. Nancy, Jean-Luc *et al. Listening.* Nueva York: Fordham University Press, 2007.

161. NPR. «Dad's YouTube Channel Advises How to Change a Flat, Other Life Skills». 18 de junio, 2020. npr.org/2020/06/18/879892191/dads-youtube- channel-advises-how-to-change-a-flat-other-life-skills

162. El antropólogo Claude Lévi-Strauss describe *bricoleur* de la siguiente manera: «Su universo de instrumentos es hermético y las reglas de su juego siempre consisten en apañárselas con "lo que tenga a mano", es decir con un conjunto de herramientas y materiales que siempre es finito y también es heterogéneo porque lo que contiene no tiene relación alguna con el proyecto que lo ocupa en ese momento –o con ningún otro proyecto–, en realidad». Lévi-Strauss está hablando del pensamiento mitológico. Está describiendo cómo las narrativas e identidades se forman combinando ideas disponibles y readaptándolas del modo necesario como si fueran un *patchwork*. Contrasta el *bricoleur* con el ingeniero; este intenta construir una narrativa holística abarcadora. Por ello, conceptualiza al *bricoleur* como la «mente salvaje» y el ingeniero como la ciencia occidental. El filósofo Jacques Derrida critica la distinción de Lévi-Strauss: «Lo más probable es que el ingeniero sea un mito producido por el *bricoleur*». Así en general, lo que está aseverando aquí Derrida es que la distinción entre sistemas fluidos, juguetones e improvisados y aquellos que parecen fijos, estables e inmutables se «descompone» cuando reconocemos que todas las estructuras se hallan en algún punto entremedio, o que la estabilidad que percibimos no es más que otra herramienta en el cinturón del *bricoleur.* Lévi-Strauss, Claude. *The Savage Mind.* Chicago: University of Chicago Press, 1966. Derrida, Jacques. *Writing and Difference.* Chicago: University of Chicago Press, 2017.

163. Freire, Paulo *et al. Education for Critical Consciousness.* Nueva York: Continuum, 1973.

164. Hay gente que utiliza el término *broismo* simplemente para describir los eufemismos de la «charla entre colegas» que permean la «cultura de colegas». Yo utilizo *broismo* de forma más gramaticalmente formal, añadiendo el sufijo *-ismo* para convertir el sustantivo *bro* en una acción (como heroísmo y barbarismo), a la vez que reconozco cómo manierismos y discursos codificados pueden transformar un modo informal de expresar solidaridad de grupo en un sistema ideológico o religioso (como judaísmo, liberalismo o fundamentalismo).

Su opinión es importante.
En futuras ediciones, estaremos encantados
de recoger sus comentarios sobre este libro.

Por favor, háganoslos llegar a través de nuestra web:

www.plataformaeditorial.com

Para adquirir nuestros títulos,
consulte con su librero habitual.

«I cannot live without books».
«No puedo vivir sin libros».
THOMAS JEFFERSON

Desde 2013, Plataforma Editorial planta un árbol
por cada título publicado.

Educar en la empatía es el camino hacia una sociedad cooperativa y altruista; es educar en el respeto, la solidaridad y el libre pensamiento. El autor, investigador en neurociencia, explica cómo formar personas más empáticas a través de pequeñas acciones que podemos realizar tanto en casa como en el ámbito escolar.

¿Estamos realmente preparando a nuestros hijos para ser personas adultas independientes? ¿Cómo podemos asegurarnos de que no les estamos sobreprotegiendo? Desde la cercanía y la simplicidad, los autores realizan un viaje por la paternidad, analizando las claves que fortalecen la crianza de los niños autónomos y proporcionando alternativas y ejemplos adecuados para cada edad.